# 続 奇跡の学校

―不可能を可能にしたコミュニティ・スクール―

小西哲也・中村正則 編著

風間書房

# はじめに

【地域貢献】

　学校の地域貢献。信頼される学校づくりを目指す上で欠かせない条件のひとつです。令和六年、全国のコミュニティ・スクール（以下ＣＳ）の設置率は六割を超えています。それぞれの学校運営協議会では、子どもたちのボランティアなどの地域貢献について、何らかの話題をとり上げられてきたことと推察します。ところで、そもそも地域貢献とは何でしょうか。子どもたちや先生方が地域に出向きボランティア活動や行事に参加することだとの考えもあります。しかし、ここ山口県における地域貢献活動はＣＳの制度設計の時点から学校の労働力を地域に提供するものとして考えられてはいないのです。学校教育だけを見つめているとその答えは、なかなか導きだせません。中央教育審議会より平成二七年に「地域とともにある学校」への提言。続いて翌二八年には次世代学校地域創生プランにおいて「学校を核としたまちづくり」の提言でも同じような示唆が得られるのですが、地域の大人の楽しい学びの場として学校での諸活動（学び）を受け入れることを視野に入れた設計でした。学校を拠点に集まり学びでつながる大人。このつながりを応援する事こそが学校にできる「まちづくり」であり「地域貢献」なのだというコンセプトです。

【大人の背中】

子どもたちは、大人の背中、生き方を見て学びます。昔から言われているように「子どもは大人の言う通りにはしない。するとおりにする」なのです。ならば、学校において子どもたちが日常的に大人の学びや協働あるいは楽しそうに趣味や特技に熱中する姿を見ることができれば、子どもたちに育みたい「生きる力」を獲得する絶好の機会となるはずです。こんな、大人の学びを支え、寄り添いながら、ある時は自らも参加しつつ動かしていく組織が学校運営協議会となるのでしょう。言い換えれば子どもたちに誇れる大人の背中づくりの応援なのです。

このことを裏付けるデータも存在します。令和五年七月、兵庫県、長野県、山口県の二二自治体の協力を得て小学五年から中学三年までの子どもたち一五、二四七人にアンケート調査を行いました。「学ぶ大人や協働する大人の姿を学校で見かけますか」の問いに対して、「よく見かける」を選択した九〇二人の子どもたちのうち七〇パーセントが「地域の将来を自分達で元気にしたい」と答えます。これに対して、あまり見かけないと回答した七五九人の子どもたちでは「……元気にしたい」と答えた割合は、三四パーセントに留まっているのです。また、山口県では平成二八年に一〇〇パーセント設置となった機会を捉え全学校に対し大規模なアンケート調査を慣行しています。その中にランダムに二、〇〇〇人の子どもたちに聞いた次のようなクロス集計があります。大人の学びをよく見かける一、五〇〇人の子どもたちのうち、八三パーセントが「大人になったら、あの人のようになりたい」と答えます。あまり見かけないという五〇〇人では、その割合は三七パーセントにとどまっています。学校で頑張る大人や学ぶ大人を見かけることが子どもたちの地域貢献意識や地域の大人へのあこがれなど地域の担い手意識の高まりに十分すぎるほどの効果が見られるのです。これが大人の背中の底力だと改めて認識する子どもの事実なのです。

【大人の学び】

大人の学びや協働諸活動が進化すれば、普段の授業への参加も容易です。令和六年七月に文科省総合教育政策局の参加を得て萩市立萩東中学校で数学と道徳の授業研修が行われました。授業に参加した大人の皆さんは、「てご（お手伝い）の会」としていつも学校に花生け活動に来られている方々や学校運営協議会の委員の皆さんです。数学の「標本調査」の授業でした。「平成二一年以降の一円玉の発行枚数を予想する」として導入から展開そして振り返りまでの授業は、息をのむほど興味深く生徒ばかりでなく授業参観者をも釘付けにします。圧巻は、各班に用意された一、〇〇〇枚の一円玉の発行年数を数え終わってからでした。平成二一年から現在までの一六年間の枚数が集計されていきます。この後、各年の出来事がS先生によってプレゼンされるのですが「社会科の授業のようだけどこれは数学！」と前置き付きです。各班の数値が合計されます。「なぜ、平成二六年が多いの？」それぞれの班では大人と子どもがワイガヤを始めます。S先生、ここで「平成元年からの製造枚数を見せるね」といって圧倒的に多い平成元年に注目するよう促します。まだ、生まれていない時の話に混乱する子どもたち。そんななか、笑みの絶えない大人は大きく頷きます。隣の班に聞かれないように顔を寄せ合い「しょうひぜい」とささやき声でまとめていく様子に久しぶりに授業での感動をいただきました。S先生、お疲れさま。そして、こんな感動を提供してくださった萩市立萩東中学校の校長先生をはじめ教職員の皆様に心から感謝いたします。また、この授業を我がこととして心配そうに真剣に見守っておられたのが平成二六年に本校のコミュニティ・スクールを立ち上げられた初代校長の池田萩市教育長さんでした。萩東中学校では、こうした地域の方々と学ぶ授業を「ユニット研修」と呼び、現在のY校長先生まで六人の校長先生方により紆余曲折を経ながらも脈々と引き継がれてきたのです。校長が移動してもびくともしない地域に根付くカリキュラムです。授業に参加された地域の大人の皆さんからすれば、学校で何を学ぶのか、子どもたちが身に付けるべき力は何なのかという本質を知ることに加え、そして何よりも中学生と学ぶことで得られる感動や楽しさの享受が喜びそのものなのです。これこそが、コミュニティ・スクールの目指す「学校の地域貢献」なのでしょう。

今回、ご紹介する地域とともにある数々の学校は、コミュニティ・スクール経営の課題と言われる「継続」「持続」そして「つながり」を様々な関係者の力を合わせ、築き上げてこられた実践の記録です。ご執筆いただいた校長先生、教頭先生や教育長さん、そして一〇年以上の長きに渡り粉骨砕身して学校と地域の関係を築き上げたコーディネーターさん方のご努力の片鱗を味合い感じていただければ幸いです。

小西　哲也

## 目次

# 第一章　続　奇跡の学校

## ○地域愛

「シャッター商店街を元気にしたい！」と力強く語ります。ＪＲ下関駅に程近い下関市立文洋中の校区で子ども食堂を運営されるＭさんです。献身的なスタッフの皆さんと、ほぼ毎日、子どもたちのために全力投球を続けるＮＰＯ法人の代表なのです。四年ほど前、ＣＳを学びたいと訪ねてこられたときのこと、「ＣＳは、学校支援だけでなく、未来のこのまちを元気にしてくれる子どもを一人でも二人でも育てることではないのですか？」「子どもたちが地域のことを愛さない限り、出て行くばかりで、まちの未来なんてありません！」「地域を愛する子どもを育てることがＣＳの仕事ではないですか。」力強い言葉には少しの迷いもありません。まさしく、地方のＣＳが持つべき大切な理念だと考えます。『地域への愛着を育むことができなければ、若者のＵターン率は極めて低い』というデータもあります。ならば、地域愛を子どもたちに育むことを誰が担うのでしょうか。「人は人を浴びて人になる」という言葉があります。地域愛も同じだと思うのです。人から教えられるものではなく、子どもたち自身が体験し共感する営みが必要です。信頼できる大人との関わりのなかで人格をどれだけ浴びることができるのか。地域愛の醸成はこのことに尽きると考えます。その仕組みと可能性がＣＳなのです。

## ○関わりしろ

この中学校のキャリア教育の授業で「地域の課題に向き合う」として五つのテーマが計画されました。その一つに「空き家問題を考える」があります。講師は、つながる事でまちづくりを創出し続けることをモットーにこの界隈の空き家問題に取り組んでいらっしゃるHさんです。生徒は、「地域の空き家をどう作り変え、何に使う?」そんな課題にワイガヤで向き合っています。ゲスト講師の投げかけも絶妙です「皆さんならどんな生き方をしたい?」と告げた後、自身の取組や苦労のポイントを心を込めて説明されます。戦っている大人の生きざまをわかってくれと言わんばかりの迫力です。ご自身は五人のお子さんを持つ母であり新しい視点でまちづくりを手掛ける起業家でもいらっしゃる。スマートで笑顔の絶えない優しい話しぶりです。どこからそのエネルギーが湧いてくるのか参観する地域の皆さんもこの授業に吸い込まれていきます。なぜ、子どもたちがシャッター商店街やその周辺の空き家に興味を抱くのか。どうにかせねばと心を動かされるのでしょうか。

このことについて、「スローライフ」「ロハス」など、これからの未来を示す様々なキーワードでおなじみの月刊誌「ソトコト」の指出一正氏は、著書『僕らは地方で幸せを見つける』の中において現代の若者は「関わりしろ」を求めているのだと論じています。多種多様な情報が手に入るインターネット社会において一方的に与えられる美しい未来のまちの話よりも、自分が関わる余白の方が大事だと語り、「弱音を聴き、困りごとを相談してもらった方がやる気が生まれ、そうすることで応援したい。支え手になりたい気持ちは湧きあがるのです。」と結んでいます。まさしく、この授業で、子どもたちは、ゲストの提案した課題を自分事として受け止め自分たちの生きる未来の問題だととらえたのでしょう。大人の悩みと奮闘努力に耳を傾けながら難しいと思いつつも、そこに共に考え、解決したい「関わりしろ」を感じたに違いありません。

## ○公民館と学校

縁あって、令和三年から三年間文洋中学校区の公民館長を拝命しました。下関市の誇る中心繁華街（五〇年ほど前のお話）に位置し下関漁港のすぐそばにある公民館です。下関市の高齢化率は全国平均を上回り三七パーセントに近く、中でも、この地域は四四パーセントと七ポイント近く上回ります。こんな超高齢化地域の真ん中に我が公民館は建っています。館の利用者数は他館に比べて決して少なくありません。元気な大人のつながりの場なのです。ここにお越しになる利用者のお若いこと。実際の年齢を聞いてびっくりすることが一度二度ではありません。館長として勤め始めた頃は毎日のように「えーっ」と驚きの連続でした。とにかく元気な登録団体の会員さん方なのです。毎日のように多くのサークルの方々が「大人の学び」のために集まり週一の定期活動に汗を流します。このつながりがまちづくりのエネルギーともなっているのです。しかし、大きな問題も抱えています。それは、毎年のように学びを仕舞う団体さんがいらっしゃることです。「体力の衰えで集まることが難しくなりました。」「人が、だんだん来なくなって今は二人しか……。」中には、先生のお具合が悪くなり年度途中で解散される団体もあったりします。生涯学習の場が一つまた一つと閉じていき、「大人の学び」の収束が止まらないのです。何とかして学びをつなげなくてはと考えます。

まちづくりとは人と人のつながりづくりだと常々言い続けてきました。学ぶことでのつながりが、まちづくりの原点だとも。この大原則が生涯学習の理念でもあるのです。公民館の学びを未来につなげたい。私だけの願いではありません。ここに学ぶ団体の皆さんに「時には中学校に出向いて学びをやってみませんか？」と投げかけると多くの団体は是非にとお応えになります。皆さん学びをつなげることに関心をお持ちでいらっしゃるのですが中には、「滅相もございません私たちのようなものがお邪魔しては、迷惑になるだけです。」と学校は聖域であり、たやすく足を踏み入れるところではないと学校の高い壁を実感したりもします。学社融合ということばがあります。学校と地域が連携を超えて融け合う如く交わることです。連携くらいでは乗り切れない大きい課題を克服するために融合なのでしょう。しかし、声高に叫ばれ続けてきたのですが、その兆候すらも感じられないのが現実です。学社融合を推し進める理由は本来、学校教育も社会教育も目指すところが同じだからだと理解しています。社会教育の定義は「学校以外で行われる教育」であり、意義は「大人の力を育て高めその力で地域を活性化する」とあります。わかり易く言えば「つながる大人の学びでまちづくり」なのです。これからの時代の学校を核としたまちづくりは必須です。ならば、公民館だ。学校だとあえて垣根をつくることなくどちらの学びもできるところでやればいいと考えるのです。

毎年秋に実施される地区文化祭は大人の学びの発表会として長い歴史を持っています。そんな伝統ある地域行事を学びをつなげるきっかけとしたい。そう考えたのです。

思い切って校長先生に地区文化祭への中学生の参加を相談してみます。これまで、中学生はゲストとしてステージでの一演目はありましたが、今回お願いしたのは、舞台参加に加えて運営です。当時のW校長先生はコミスク充実に向けて様々な改革を進めておられました。総合的な学習の時間の柱となる学校を超えたカリキュラムを見直す作業とも重なり、とんとん拍子でことが進みます。文化祭当日の司会進行や繰り出しから、新たな舞台演目。正に地域の大人の学びに子どもたちの学びが溶け込んだ一日となりました。子どもたちから醸し出される「元気」と「活気」は、そこにいる大人を包み込み皆を笑顔にするのです。子どもたちが下関市の伝統芸能である「平家太鼓」を演じる時には講堂の参観者が立ち上がり賢覧席の周りを踊りながら回り始めたではありませんか。演奏が進むにつれ踊りの輪は膨れていきます。プログラムにはない力強い演出に大盛り上がりとなったのです。

前日の準備は、一時間半。二日間を終え後片付けは一時間という地域の大人からしてみれば準備に丸一日の重労働が魔法をかけられたかのようにあっという間に終わってしまうのです。しかも楽しそうに作業を進める中学生に大人の皆さんは、ただただ感謝です。中には生徒の手を取って「ありがとうね」と涙を浮かべるおばあちゃん。そして、強面の文化祭実行委員長のMさん。最後に子どもたちにお礼のごあいさつでは鬼の目にも涙です。ありがとうよりも先に「うれしい！」です。わかりますよね、委員長さんの気持ち。

土日に行われる地区文化祭への参加は子どもたちの「ボランティアですが何とか…」とお願いしたとき、校長先生は、こうお応えになりました。「館長さん。ボランティアではありません。地域の楽しみを自分たちで創りに行くんです。この子たちが自分の楽しみを先（未来）へつなげていくためです。明日、明後日に参加する生徒は、お手伝いを楽しみに行くんです。」

その思いは、次につながっています。W校長から経営を引き継いだO校長も「子どもを真ん中にして」コミスク経営を力強く推し進めています。中でも、学校運営協議会を育てられたことがすごい！　原則月一回の運営協議会での熟議も新しいステージに入りました。地域と学校の垣根をなくした新しい文化祭を地域の祭りとしてつくり上げていこうとするプロジェクトでは、山の上の学校と海のそばの公民館の七〇〇メートルの距離感をいかになくすかに皆が集中します。学校はお年寄りのことを慮り、公民館は子どもたちの苦労をできるだけ少なくするよう配慮する。行ったり来たりも、またよしとして、その形を練り上げていくのです。地域と学校が一緒になっての文化祭がいよいよ完成します。それぞれが互いを思いやりながら正直ベースで発言します。優しさばかりではありません。是々非々で突っぱねられることもあり、何でも発言自由の協議は未来を創りだしていくに値すると感じるのです。こんな、運営協議会を委員が経験できるようになったのです。O校長の苦労と努力に心から感謝です。つなげたかったまちの学びも、ヨガ教室、合唱、習字、防災教室やスマホ教室と年々厚みを増しています。子どもを真ん中に置いたまちづくりがいよいよ動きだしたと感じているのは私だけでありません。この地域の大人の皆さんにも、力強い足音が聞こえているはずです。

## ◯地域の大人が背中で語るカリキュラム

「地域には、ピタゴラスの定理より大事なことがあるのですよ！」と、ある日の大学の講義。ゲストティーチャーとしてお招きした中学校の数学のA先生のお言葉です。お題は「今どきの地域連携」です。

「このことを知らずに卒業してもらうわけにはいかない。このことを伝えることが教員、いや、大人の責任だと思う！」と、力強く続けます。

下関市立文洋中学校にお勤めになるA先生は着任二年目になります。着任して早々に総合的な学習の時間の題材探しに商店街のリサーチに出かけます。店のシャッター閉鎖率ほぼ一〇〇パーセントと思えるこの界隈。自治会長さんや学校運営協議会の委員さんから聞いた話によると、この商店街も昔は元気と活気でにぎやかだったとのこと。今はそのおもかげはありませんが、妙に惹きつける雰囲気があり、歴史を探りたくなったそうです。

お昼時、賑わう一軒の店を発見。というよりは鼻腔をくすぐるソースのにおいに誘われたといったほうが適切かもしれません。なんともいえぬいい匂いは、お好み焼きか、焼きそばか、いてもたってもおられずお店の暖簾をくぐることになります。両隣は当然ながらシャッターが閉まり寂しい限りなのですがこの店だけは賑わっています。創業六〇年になるという「お好み焼き屋さんなのですが、おかみさんのつくる一枚が何とも言えず美味しいのです。彼女のお人柄と麻薬のように虜（経験はない）になってしまう味に時間を見つけては通い始めたとのことです。顔なじみとなり話も弾みます。鉄板を眺めながらジュワーッという音とソースの焦げる瞬間の何とも言えぬ香りにデレデレになってしまいます。お好み焼き、焼きそば等々に加え、メニューにはないものまでもが鉄板の上で作られていきます。じっと鉄板を眺めながら注文した品を待つのが至福の時だと語られます。おいしさの秘密を探りたくなります。腕だけではない。このソースは特別だろうか？　勇気を出しておかみさんに聞いてみました。「このソースは、特製ですか？」「これかね。こりゃあカギ印ソースじゃあね」聞けば創業一〇三年にもなるというのです。「この商店街の裏筋で今も作り続けちょるよ」工場を見てみたい旨を伝えると「ええよ、あと行ってみぃね。電話しちょっちゃるけぇ」このソースの味と一〇〇年以上も続く工場を何が何でも探求しなくてはとの思いでカギ印ソースの工場を訪ねたのです。通に言わせれば知る人ぞ知る銘品。九州の「粉もん」の専門店でもこのソースを使い続けているとのこと。市内でも提携したコンビニやJR下関駅構内のスーパーでも手に入れることはできるということです。こんなすごい歴史なら、うちの中学校の子どもたちは当然知っているだろうと授業で聞いてみると誰一人知らなかったのです。地域の誇りと言ってもいい一〇〇年以上も作り続けられるソースのことをなぜ知らないのか。最近はコミスクも軌道に乗りはじめ、「担い手を育み、まちを守り、創るんだ」と各方面から聞こえてくるようになったけれど、自分たちのまちの誇りを自分の手でつかみ取ることもなく担い手の育成がかなうのでしょうか。そんな思いが「ピタゴラスの定理は、日本全国どこに行っても習うことはできる。この地域でしか学べない、地域の誇りと自慢すべき文化を自分たちで味わい手に入れてほしい」「このことを知らずに卒業させるわけにはいかないと僕は思う！」力強く学生に語りかけたきっかけなのでしょう。数学の免許取得を目指す学生たちは「ピタゴラスより大事!」と聞けば思わず構えます。語気の強さに押されたわけではありません。腑に落ちたのです。同時に、私と同じように胸の高鳴りを覚えたと振り返る学生も多くいました。まだ、A先生の話は途中にもかかわらず拍手が起こったのです。

さて、まちの文化や自慢すべき伝統があるとしたら、そのことを誰が子どもたちに伝えるのでしょうか。先生が情報を紹介するだけでは子どもたちが自分たちの誇りとして心に刻み込むまでには至らないと思うのです。A先生のような探求心旺盛な方がいれば話は別でしょうが、それでも、そのことはA先生の転勤と共に忘れ去られてしまうのでしょう。こうした貴重な地域の文化や伝統をカリキュラムとして代々子どもたちに伝えていくことは地域の大人でなければできないことです。それができる仕組みこそがコミュニティ・スクールなのです。

独立行政法人労働政策研究所の調査(二〇一六)によれば地域への愛着が強いほどUターン希望率が高いのだとあります。反対に愛着が「あまりない」「ない」若者は、まったくと言っていいほど出身地には戻らないといいます。地域とともにある学校には、地域の願いや伝えたい文化を子どもたちにつなげるカリキュラムを持っています。地域の大人が背中で語るカリキュラムです。こうして引き継がれた文化は地域の誇りとして子どもたちの心の奥底に染み込み地域愛へと昇華すると信じています。学校と地域の文化祭が共催されることになった下関市立文洋中学校の生徒は、バザー出店に心を弾ませ「伝統のソース」を使った焼きそばのつくり方を学び、当日にはテントバザーで販売するとのこと。テントにたどり着くまで地域の大人たちの奮闘もまた、つながりづくりの重要な儀式なのです。子どもを真ん中に置いて頑張る大人。その姿に学ぶ子どもたちはこの地域が大好きな担い手として成長するはずです。子どもが絡むと信じられないほど大きな物語が何食わぬ顔でできあがるのですね。そのことにできるだけたくさんの大人が気づいてほしいと願っています。

（小西　哲也）

コラム

# コミュニティ・スクールを成功に導くために

【九つの会議】

なんだか聞いたことのあるようなタイトルです。野村萬斎主演の「七つの会議」胸のすくような痛快大逆転ドラマです。池井戸潤の作品だといえば観たくなりますよね。実は、山口県のＣＳ先進校では、アイデアをカタチにして実践するまでの過程にいくつかの会議を設定しています。九つとまでいかずとも、一．アイデアを出し、二．形にして、三．実際に動かすまで委員と学校がうまく協力できる仕組みがあるのです。コミュニティ・スクールを立ち上げたけれど、定例会議だけで一年が終わってしまうという形骸化を起こさないためのシステムで、「三層構造」というものです。教職員、運営協議会委員がシャッフルされ「知・徳・体」の三つの部会に分かれます。場合によってはこの部会に子どもたちが加わることも度々です。それぞれの部会で子どもたちに関わる課題や支援の在り方をメンバーの集まりやすい時に出来るカタチで協議します。そこでまとめられたプランを、具体化し実践に踏み切れるまでつくり上げることが二層目の会議です。二層目のメンバーは、行動力のある動ける方々を多方面から募ります。フットワーク・ネットワーク・チームワーク重視で肩書などにはこだわってはいません。それぞれの部会から出されるアイデアいっぱいのプランを実際に動かせるようになるまで練り上げていきます。こうして、出来上がったプランは三層目の学校運営協議会で承認となるのです。三部会と三層で「九つの会議」と言っているのですが、多くの場合、運営協議会を待つことなく子どもたちに届けられていきます。承認を待たずに、どんどん動かしていくこともありです。課題は待ってくれないのですから。走りながら考え、変更し、皆の理解を得ながらカリキュラムとしてつくり上げていくのです。「走りながら考え、だめなら撤退」コミュニティ・スクールを大きく育てるための秘訣なのかもしれません。それともう一つ大事なことがあります。忘れてはならないことです。どの層の話し合いも子どもを真ん中に置いて熟慮し、子どもの成長がまちの元気につながるのだという信念を共有することです。

第二章

# コミュニティ・スクール経営において、大切にしたいこと

## ～山口大学としてのお手伝い～

学校を取り巻く社会や環境、それぞれの学校や地域が改善・解決すべき課題が山積している現在、コミュニティ・スクールになった学校、その学校がある地域は、今後どのようなことが大切になるのでしょうか。私は、その学校や地域を構成する人たちの「意識・行動の変容」についてのプラスを増やすことだと考えます。

私はここ山口でコミュニティ・スクールの充実に向けてお手伝いをさせていただくときに、教職員の「意識・行動の変容」がとても重要であると考えています。コミュニティ・スクールである学校、「地域とともにある学校」として、全ての教職員が意識して欲しいことは、「これからの学校がめざす方向性は、どうあるべきか」とともに、「これからの〈地域〉がめざす方向性は、どうあるべきか」この二つの意識です。ということは、地域の大人の代表として、ほぼ毎日子どもたちの前に立つということと関わるのです。コミュニティ・スクールの営みが充実するよう、管理職は一人ひとりの子どもたちの成長が保障されているかという視野をもって地域と学校を見ていく力が求められています。

## ○コミュニティ・スクールであることの共有、確認、そして協働

「コミュニティ・スクール経営」の充実を考えるときにまず確認したいことは、「なぜコミュニ

ティ・スクールなのかを共有できているか」ということです。何のために取り組んでいるのか。どのような成果をめざして取り組んでいるのかを共有できているかということです。めざす事の具体的な姿・成果の具体が共有できなければ、取組のマネジメントはできません。山口県では全ての公立小・中、県立学校がコミュニティ・スクールになっているからこそ、それぞれの学校で、なぜ「やまぐち型 地域連携教育・社会連携教育」なのかを毎年確認していくことが重要だと考えています。コロナ禍で少し停滞したかもしれない取組を、これまでの成果・課題を踏まえて再構成をしていくことが重要です。

私たちのプロジェクト・チームでは、平成三〇年に「やまぐち型地域連携教育」の成果検証に係る調査を行いました。先ほどの「何のために、どのような成果をめざして」取り組んでいるのか、に関わる部分です。私たちが調査項目を作成する時に重視したのは、アンケート対象である管理職、教職員、児童生徒、保護者、学校運営協議会委員、地域の方、それぞれの「意識・行動の変容」、特にプラスに向かう変容です。それぞれの学校・地域の取組が、それぞれの人の意識・行動の変容につながっているかの確認をしましょうという提案として、アンケート項目を作成しました。そして、児童生徒の社会性など非認知的能力の育成には、「信頼できる大人の存在」とその「かかわり」が大きく影響することが、検証したいことの一つでした。

どの質問項目も大切なのですが、特に児童生徒対象の「あなたは、あなたの学校がコミュニティ・スクールであることを知っていますか」の回答に注目していました。県内中学生の「よく知っている、だいたい知っている」の回答が五一パーセントであったのにたいして、本書にも登場する浅江中学校は九六パーセントでした。「よく知っている」だけですと、県内中学生二三パーセント、浅江中学校六六パーセントとなります。浅江中学校は、ずっと生徒と地域のつながりを大切にされてきた学校です。「コミュニティ・スクールになるって、どういうこと?」「私たちにこれから必要になることって、どんなこと?」「どのようなプラスを自分たちは考え、つくることが必要なのか」を子どもたちが意識することがまず大切だと考えました。

また、地域の方に対する問いとして、「あなたはあなたの住む地域の小中学校の為に役立ちたいと思いますか」の問いに、約七五パーセントの方が「役立ちたい」と回答されています。地域の小中学校の為に役立ちたいという地域の方の思いをしっかり受け止め、プラスのベクトルにしていく必要を感じました。

私は、いろいろな事についてマネジメントするときに大切にしているキーワードがあります。共有・確認・協働です。いずれも漢字二文字ですが、実現するには多くのエネルギーが必要です。

誰と、何を、どのようにして「共有」するのか。

何を「確認」すべきか。目標に対する実現状況、成果・課題などです。

「協働」するチーム・プロジェクト・組織は機能しているか。協働することによって生まれる

「成功体験」をみんなで共有できているか。

そして何より、コミュニティ・スクール経営をする学校・地域になっているか。共有・確認・協働で大切にして欲しい対象は子どもたちです。これからの未来を生きる、地域を創る主役は今の子どもたちです。大切なものは急には身に付きません。子どもの時からの「ヒト・モノ・コト」にかかる環境とその関わりから生まれる体験、よりよいものをめざす思考・判断の繰り返しが、成長を支える基盤となります。

私たちが調査・研究する中で、「大切にしたいもの、育みたいもの」と考えたことを集約したものが「確かな地域愛」です。「確かな地域愛」は、子どもたちだけに「大切にしたい、育みたいもの」ではなく、教職員、保護者・地域の方全員に必要なものです。それぞれがかかわる人材育成において大切にすべき視点だと考えます。

## ○プラスの創出が見られる学校の戦略

山口県では、地域連携教育において、学校運営、学校支援、地域貢献の視点を持って、各学校がそれぞれの地域・学校の特色を生かして取り組んできました。

学校運営協議会と地域協育ネット（地域学校協働活動）の連動、つながりをもとに、それぞれの意識・行動の変容のプラスが生まれ、地域ぐるみの取組も多様になり、充実したものになってきています。前述した浅江中学校では、教職員、生徒、学校運営協議会委員、保護者、地域の方の取組は、共有・確認・協働を意識して継続して取り組まれており、地域の方はもちろん、みんなの学びの場、生涯学習の場となっています。

私たちがこれまで関わってきた学校で、「プラスの創出が見られる学校」と感じる学校には次のようなポイントがあげられます。●組織として成果・課題を共有している。●全教職員が当事者になっている。●教育課程への位置づけを工夫している。●人・組織・システムが連動し、理解と共感、意識・行動の変容、それぞれの人材育成につながっている。●戦略的にマネジメントを展開している。●「何のために」をしっかりと共有している。●児童生徒、保護者・地域と戦略の共有を図っている。さらに最も大切なポイントと考えているのが、この「児童生徒、保護者・地域と戦略の共有を図っているか」ということです。生徒会活動が学校のグランドデザイン、それに基づいた様々な活動に連動していたり、生徒会の発信からそれぞれの委員会活動が活性化するとともに、保護者・地域とのプロジェクトに連動したり、アンケートの作成や「地域とともにある活動」づくりに参画している学校も見られるようになってきました。

また、児童生徒を含めたマネジメント・ＰＤＣＡを行い、取組の計画・実践、評価・分析・改善から次の構想・計画につなげているところも見られます。特に、児童生徒とともに行う取組の成果・課題の分析は大切にして欲しいところです。子どもたちにこれから必要となる「真の主体性、共有・協働する意味・価値」などが信頼できる大人との関わりの中で実感できると考えるからです。

## ○子どもの主体性を育み地域とつながる

現在、山口県内においては、学校運営協議会において、児童生徒が参画する熟議がたくさん実施されています。私が所属する教職大学院の現職教員院生が在籍している学校においても、現職教員院生が中心となって、児童生徒が参画する熟議・協議が行われています。令和四年度に修了した院生が在籍していた下関市のS小学校では、児童に育む力を明確にし、児童、保護者、地域の方と共有し、その共有する意識を高めることを目的として、年度始めの四月の参観日の高学年の授業として「スタートアップ会議」を設定しています。時期と参観日での開催がポイントになります。

熟議のテーマは、「学校教育目標である『自分のよさが輝く、友達のよさが輝く、地域のよさが輝く』、そのような学校にするために何ができるか」です。校長先生から熟議する意味、担任から熟議の流れを再度確認しそれぞれ考えていることを交換していきました。熟議の振り返りアンケートの一部を紹介すると、児童は「これからのS小学校のことを保護者の方や地域の方と話し合うのはすごく大切だと思った。普段の日常生活でも生かしていきたい。」「忙しい時でもこれから、大きな声で挨拶、お礼をしたいです。」「紙が付箋でいっぱいになったとき、保護者の方や地域の方がS小学校のことをこんなにも考えていることが分かって、嬉しかったです。」と記述しています。児童の主体的な意識を普段の中で醸成していくためにも、「信頼できる大人との関係の中で、このような熟議・協議が大切になる」と教職員が確認できたと聞いています。この「スタートアップ会議」の成功の要因は、年度はじめの保護者が集まりやすい参観日に設定されており、一年間の取組の軸をつくるタイムリーな企画だったことと、児童、保護者、地域の方が、それぞれの思いや願い・アイデアを準備して臨んだことにあると思います。このように、参観日やPTA総会、保護者懇談会での「共有」を大切にした発信のアイデア、取組が各学校で工夫されることを期待します。

S小学校では、児童に育む力を「育てたい三つの力」として、「コントロールする力」、「自ら問いをもつ力」「支え合う力」を示し、児童と共有されています。ポイントとなるのが、それぞれの力を学習場面などに合わせて具体的に例示してあることです。さらに、全ての授業、活動での目標設定や振り返りに生かして、児童にとって「自分のプラス・成長」が自覚できるようにされています。令和四年度は、学校の全体研修テーマをカリキュラム・マネジメントを中核に置いて設定し、児童・保護者・地域の方を巻き込んでのカリキュラム・マネジメントに取り組まれました。

防府市の華浦小学校では、児童の学校経営への参画意識を高める取組として、「学校経営グランドデザイン児童版」を全教職員で作成し、児童と共有されています。令和三年度に作成されてから、現在はさらに改良されて児童と共有されていると聞いています。この華浦小学校の取組による児童の意識・行動の変容の成果から、ほかの小学校や中学校でも「学校経営グランドデザイン児童生徒版」の作成など、児童生徒とのめざすことの共有、確認、協働の取組が広がっています。

私は、学校に於いて必要なマネジメントを教職員全体で進めていくために、「イメージの共有を通して協働性を図る」ことを大切にすることにポイントをおいて伝えています。

●成果イメージの共有

《到達すべき目標、ゴール・グランドデザインなどの成果の姿を共有すること》

●改善・計画イメージの共有

《どのような道筋でゴールに向かうか、改善点はどこにあるのか。学校の年間計画、各学期の計画・単元構成などを共有すること》

●戦略・戦術イメージの共有

《課題解決のための技術や方法など具体的な手立て　授業構成、指導方法、情報や知識などを共

有すること》

それぞれの立場の中で共有していくことが協働性をつくる条件となり、「自分たち事」としての理解・支え合い、助け合いにつながると考えています。これらのことは、児童生徒の主体的な学び、協働的な学びにおいても共通するものであると考えます。特に「成功体験の共有」は児童生徒の主体性・成長のポイントとなると考えています。

## ○よりよい取組の継続に向けて

これまで、研修会等で「地域連携の取組」という言葉をよく聞いていました。「小中連携・小中一貫教育の取組」も同じような使い方です。

そもそも、コミュニティ・スクールになっているのですから、その学校の取組はすべて「コミュニティ・スクールとしての取組」であり、その学校の学校経営はコミュニティ・スクール経営のはずです。学校の組織・システム、例えば「学校評価」もコミュニティ・スクールとしての「学校評価」になっているべきだと考えます。このことを、共有することが大切です。

また、コミュニティ・スクールとしての歩み、取組の記録もとても重要になります。紙ベースの記録も必要ですが、なかなか共有が図りにくいと感じます。例えば新しく着任した教職員に、また、学校訪問された方々に短時間で概要を伝える画像・映像・プレゼンは有効です。視覚的な映像・画像は記憶に残ります。児童生徒に対するプレゼン説明も同じ考え方です。「記憶に残る記録」は保護者・学校運営協議会委員・地域の方に対する共有・発信にもとても有効であると考えています。

情報発信についても、ネットワークやホームページの記事の作成など、教職員だけで行うには限りがあると感じます。保護者や地域の方には、その方面に詳しく「協力したい」という思いをもたれている方も多くいらっしゃると思います。中学生や高校生にとっても、タブレットを活用した記録の利用と提案が可能ではないでしょうか。多くの人の思いがつながり・共有され、協働につながっていく取組が増えていくこと、そして、そこから参加・参画の輪が広がっていくことを期待します。

「マイナスな部分を検討・協議するよりも、少しずつでもプラスを創っていく」ことを優先したいのです。「プラスをつくる、つくり続ける」チーム・組織、学校・地域であり続けてほしいと願っています。

（静屋　智）

第三章

# 各学校の事例　実践

## 1 地域の大人とともに、地域と一体となって地域課題に挑む学校
### 【下関市立文洋中学校】

### ○かつてのマンモス校・文洋中学校の今

文洋中学校は、本州最西端の中核市である下関市の繁華街に隣接する学校で、かつては、一、七九〇人もの生徒数をほこるマンモス校。全国の地方都市がかかえる人口流出・人口減少問題は下関でも起こっており、令和五年の時点で六五歳以上の人口率は三六パーセントをこえています。校区にある商店街では、かつては「肩がぶつからずに歩くことは不可能」と言われるほど人がごったがえしていたのですが、そんな賑わいの場も今はシャッター街。街の空き家問題に直面しています。そして、文洋中学校区では少子化も加速。今は生徒数一〇〇名程度の小規模校になっています。

ほんの数年前までは、「学校の荒れ」があり、近所の中華料理屋に文洋中から一〇人前の定食の偽注文が入ったり（教頭が支払ったそうです）先輩たちへの上納金のようなものもあったり等、

ＯＢが口々に語る「文洋伝説」のあるちょっとした有名校でした。

そんな文洋中学校でしたが、地域の方の愛情を目一杯浴びて、今では子どもたちの笑顔豊かな学校になっています。そんな本校のシン・「文洋伝説」を紹介していきます。

## ◯新しい学校運営協議会に生まれ変わるには？

年度初めの学校運営協議会でのことです。校長は、会の目的を十分に説明した上で、「学校運営協議会の回数を増やしてもいいだろうか」と話を切り出しました。学校運営協議会の委員は、いわば学校の共同経営者です。共同経営するにあたり、重要なのは互いの意見を正直に言い合える機会の確保と、当事者意識の醸成だととらえていました。委員からは「委員も仕事をもっているので毎回参加できるとは限らないけれど、話す場が増えるのはとてもよい」など賛成多数で新しい学校運営協議会がスタートしました。学校運営協議会等での協議の充実は、コミュニティ・スクール経営の肝であり前提条件。他校の先生から、「回数を増やすと管理職の業務が大幅に増えるのではないか」と聞かれることがありますが、結論を先にいうと、業務は増えません。本校の学校運営協議会は、日程調整・情報共有はすべてスマホの通信アプリを使っています。「案内文をつくって郵送」といった手間は一切ないのです。「スマホに連絡が来るから助かる」と委員

からも好評です。また、情報共有の頻度が多くなるためベクトルを合わせやすくもなります。

委員の皆さんにも学校運営協議会の委員を引き受けた理由があります。「昔は、文洋校区にはたくさん人がいて、賑わいの場所だったんだ。」という思いは誰もがもっており、「それをどうにかしたい」のです。確かに、校区に出歩くとそこで目にするのは空き家や家屋の老朽化等、山積する「街の課題」です。校長は、この地域課題をまるごと子どもたちとともに考えることが、委員の皆さんの思いにも直結すると考えました。そして、「どうする？　街の空き家問題」「どうする？　街のフードロス問題」「どうする？　ペットの殺処分問題」「どうする？　道路の老朽化問題」等のテーマを設定し、「課題解決に向けて、果敢に挑む大人はいないか」と委員に相談し、紹介してもらいました。未解決問題に子どもたちと向き合うことは、学校を核とした地域づくりを進め、地域や未来の担い手意識を高めることになることから、多くの方が協力してくださいました。

委員の一人は、言いました。「今から五〇年前、誰がこの現状を予見できたか。これから五〇年後、この街はどうなっているのか。このことについて子どもたちと考えたい。これから一〇年後、二〇年後、この街の核になるのはこの子どもたち。そのときになって、急に街の核になるのではない。今から地域と未来の担い手意識を育てましょう。」

## ○地域にあるデジタル格差を解消するために学校にできることとは？

高齢化問題に直面する文洋校区の高齢者たちの悩みの一つに、「スマホを使いたいが相談する人がいない」といったある意味で切実な地域課題があります。

あるおばあちゃんたちの悩みです。

半年前、私もついにスマホを買いました。娘から便利だから使った方がいいというアドバイスをもらったからです。しかし、このスマホ、何が何やらよくわかりません。さらに不審なメールが届くのですが、本物のメールかどうかわからなくて困っているのに、触ったら娘から怒られる始末。あなたが便利っていうから買ったのに…とストレスを感じています。思い切って、携帯電話の会社が実施するスマホ教室に行ってみました。しかし、私の質問には一切答えてくれず、よくわからないカタカナ用語と自社の商品の自慢ばかり。正直、スマホのよさがわかりませんが、関東にすむ私の姉の話では、スマホがないと生活に困るくらい便利なようです。どうすればいいのでしょうか。

デジタル格差は社会問題の一つです。これからデジタルサービスが益々普及するにつれて、サービスを受けにくい、いわゆる「デジタル難民」は困ることになります。携帯キャリアも高齢者向けのスマホ講座を開いているようですが、高齢者のニーズとのズレがあるようです。

一方、学校にもスマホ関係の問題はあります。例えば、スマホ使用時間が長すぎて、家庭学習の時間や睡眠時間が削られ生活習慣が乱れたり、さらには人間関係にも悪影響を及ぼしたりしています。中には平日五時間以上もスマホのゲームに没頭したり、課金トラブルに巻き込まれたりする生徒もいます。また、常にスマホの画面が気になって学習をはじめ何事にも集中力を欠く、いわゆる「スマホ中毒」も散見されます。よく考えると大人でさえもスマホに電話がないかメッセージが来ていないか気になるくらいですから、生徒にとっても当然と言えば当然。

このことを地域課題の一つととらえ、どのように課題に向き合い解決していくかが大切だということになり、学校運営協議会の中で委員の一人から、地域の高齢者のデジタル格差問題と、生徒のスマホとの付き合い方をまとめて解決するための実践をしてはどうかと意見が出ました。確かに、高齢者のニーズへの対応はもちろん、子どもたちにとっても学びのチャンスです。さっそく、まずは公民館で実施してみて、それからどのように教育計画に組み込むか考えてみることになりました。このスピード感が本校の学校運営協議会の最大の長所なのです。

一回目は、有志生徒を集めて、地域の公民館で高齢者対象の「スマホ教室」を実施しました。

参加者から、「こんなにいいスマホ教室なんだから、次回は友だちも誘うね。」ととても好評で、先生役の生徒も教えることで満足感を得ました。有志生徒も、「学校の授業でも実施してほしい」と手ごたえを感じています。

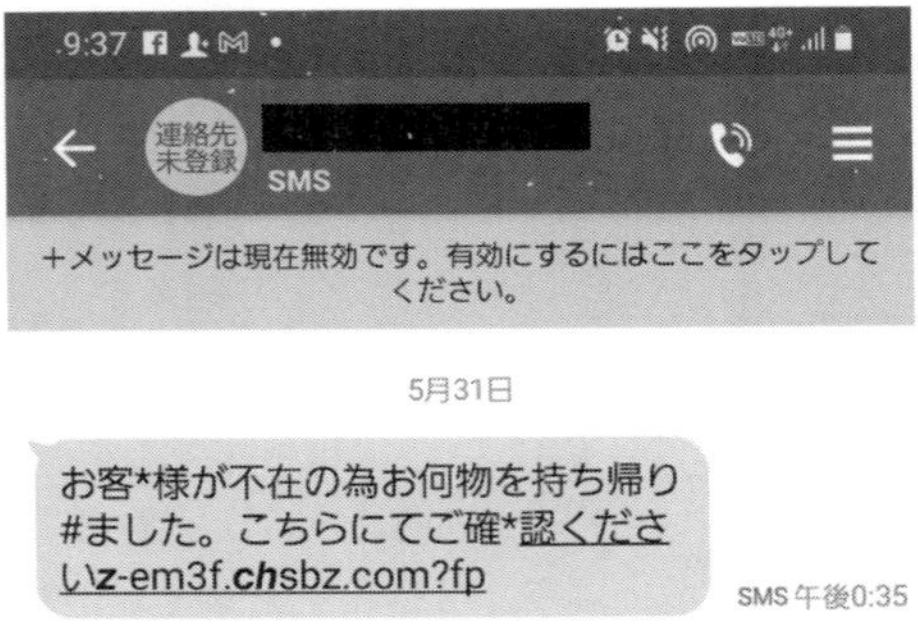
9:37
連絡先未登録
[redacted]
SMS
＋メッセージは現在無効です。有効にするにはここをタップしてください。
5月31日
お客*様が不在の為お何物を持ち帰り#ました。こちらにてご確*認くださいz-em3f.chsbz.com?fp
SMS 午後0:35

その後、第二、三回目は、学校の三年生の授業で実施。生徒が学習する内容で、しかも、参加者の「大人の学び」の場としても重要であるものが望ましいと考え、フィッシング詐欺や、数学に関連付けた情報セキュリティについても、地域の方とともに学習しました。

授業者の私は、まず上記のような実際のスマホの画面を見せました。すぐに、どんなリスクがあるか、地域の参加者と生徒の間に会話が広がっています。

おばあちゃん：このメールがあぶないことは、わかったよ。でも、送られてきたメールが危ないかどこを見たらわかるんかね。

生徒：メールの中に変な文字ありませんか？

おばあちゃん：この★みたいなのが文の間にあって変やね。

生徒：そうです。それから#もおかしいです。また、変なところから線がひかれていますよね。
おばあちゃん：あ、本当だ！　この線は何？
生徒：タップするとWebサイトにアクセスします。危険です。
おばあちゃん：触らん方がええね。
あちこちから地域の方と生徒とのやりとりが聞こえてきます。

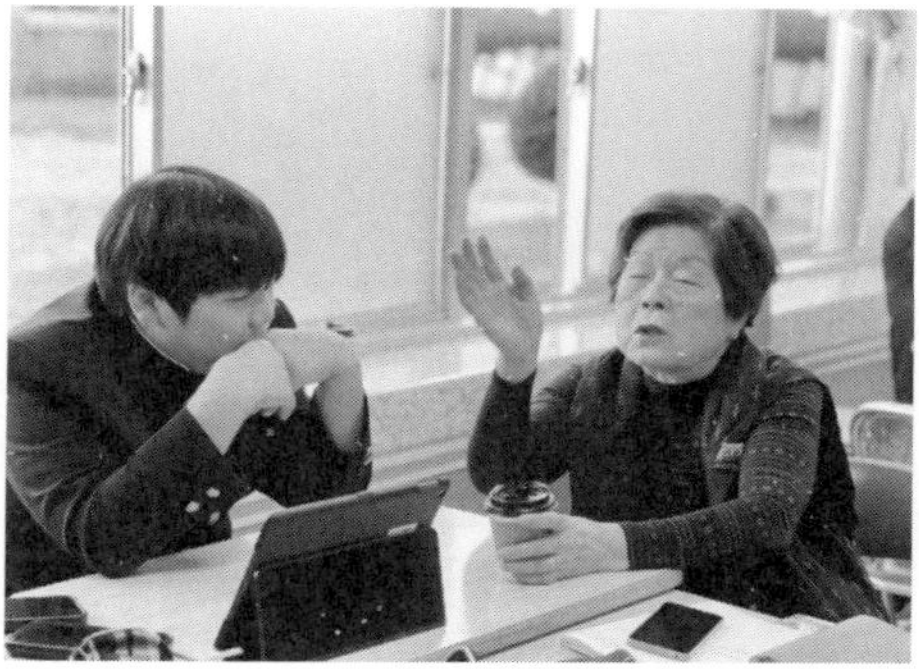

在届のメールが届いてね、このメールが届いた話を娘にしたら、急に「連絡してないだろうね！」って怒鳴られるのよ。」等と家での相談もあり、生徒たちはいつもより聞き上手になっています。友達と話している時には見られなかったほど真剣な子どもたちの姿がそこにはあります。学級担任は、「授業がおもしろいのでしょうか。いや、それに加えて自分が学んでいることが地域の役に立っているということがうれしいのでしょうね。ノートにもいつもより熱心に振り返りを書いていました。」と目を細めていました。
参加者は、「第三回が楽しみ。絶対参加するからね」と喜ばれていました。生徒も「家でもスマホ教室やろう」「こんな単

純なことで困っているんだな」「こんなことで役に立てると思わなかった」等、満足感を得て、身近な高齢者のスマホ問題について興味や関心を高めました。

【実践する上でのポイント】

・学校課題としてとらえ、学校運営協議会の合意があっての実践。担当の先生によらず次年度も実施されることにつながります。

・地域の高齢者を学校にお呼びし、子どもたちが先生役になってスマホ教室を実施する。「大人の学び」の場になり、学校が生涯学習の場になり、人と人とがつながります。

・二時間設定で、スマホユーザーにあるリスク等について全員で学習するパートと、高齢者が生徒にマンツーマンで質問するパートで構成。双方に学びがあります。

・公民館等と連携して実施し、地域のインフルエンサーを巻き込み、広報活動を活性化する。地域の広報役がいることで情報が流れていきます。

情報に関する学習内容は学習指導要領に示されていますが、教育計画が地域や社会に開かれているかどうかは、各学校や学級担当に委ねられています。地域課題を受け止め、授業に取り入れるには、子どもに身に付けさせたい力について話し合う場が必要です。そこで、学校運営協議会は最も重要な場となるのです。つまり、コミュニティ・スクールだからこそ「社会に開かれた教育課程」を実現することが可能だと、私は考えています。

## ○特別支援学級の生徒によるミニカフェの開催

このスマホ教室には、もう一つのサイドストーリーがあります。それは、特別支援学級の生徒によるミニカフェの開催です。手作りのスイートポテト、クッキーやコーヒーを提供しました。

このミニカフェは、最初から企画されていたものではなく、スマホ教室の担当教諭と特別支援学級の担当K教諭との雑談の中で話題に上がり、そこから発想を広げて実現に至ったものです。K教諭は、ミニカフェ等を特別支援学級の自立活動として実践すれば子どもにとって生きた教育計画になるのではないかと考えました。この着想の背景には、K教諭が特別支援学級の子どもたちを地域の大人とのかかわりの中で育てたいと、常日頃から願う強い思いがあります。教育のカリキュラム・デザイナーとしてのセンスを感じます。担当者によって教育計画が変わりやすいと

言われることもある自立活動には、「どのような活動がこの子の資質・能力を伸ばせるか」という指導者の思いが重要です。K教諭は、生徒の個性等に触れ、一番理解している担当者として「この子がもっと褒められる場面をつくって、自己肯定感を高め、社会に出てほしい」という強い思いを持ち、共同学習の中に実践をつくっていくという豊かな教育観をもっているのです。

さて、今回の実践では、当日までに生徒は、どうすれば参加者が楽しめる会になるか考えたり、注文の取り方について練習したりしてきました。K教諭の話では、「子どもたちはこれまで以上に一生懸命に取り組んだし、おじいちゃんやおばあちゃんに喜んでもらったことで自信をつけました。そして、何よりも楽しかったようです。」とのこと。さらに「次回は、高齢者向けのメニューを考えたり、ミニカフェ感を高める掲示物をつくったりするところから生徒が考える場面を設定すると、子どもにも地域の方にも、もっといい実践になるかなと思っています。」と、社会での実践力を互いに高め合うことを意識した教育計画に改善する構想を抱いていました。

この特別支援学級の取組では、「私にできることはないか」「子どもにプラスになることがあるのではないか」という担当教諭の当事者意識が最大のポイントになっており、この当事者意識は学校体質の改善を図る上での強い原動力になっていきました。

## ○地域のコーラスサークルと一緒に歌う

ある日のことです。公民館で打ち合わせをしていると、美しい歌声が聞こえてきました。コーラスサークルの歌声です。聞けば校区にある小学校で中庭コンサートを実施しているようです。ソプラノ歌手のI先生がまとめるコーラスサークルは、毎週一回公民館で活動しています。このコーラスサークルを生きがいにされている地域の大人たちと一緒に音楽の時間に合唱すれば子どもたちにも大きな学びがあるはずだとひらめきました。実は、本校の文化活動のレベルを高めたいというのは、校長が以前から考えていたことでもあり、その機会を模索していたのです。

合唱の企画について、音楽科のF教諭にもちかけたところ「是非、合唱が好きな三年生と一緒に」と即答でした。この三年生はコロナ禍でいろいろな制約を受け続けており、三年になってようやくいくつかの制限が解除されたばかり。たくさんの行事で、みんなと活動することのおもしろさを渇望しています。行事だけでなく、教科においても地域と一体となって活動した方が子どもたちの力をこれまで以上に引き出すことになるとF教諭は考えたようです。早速、学校運営協議会の委員を通じて、「文洋中の三年生と一緒に練習してもらえませんか？」とI先生にお伺いしたところ快諾。卒業式でうたう「群青」を全体練習の際に一緒に歌うことになりました。

ソプラノ歌手として活動されているI先生は、以前高等学校で教鞭をとられていたこともあり、生徒の意欲をかきたてながら合唱の雰囲気をつくることに長けておられます。見ていた教員はその指導技術の高さに感銘を受けていました。コーラス団員から「私たちは歌を教えようと参加したわけではなく、男声パートとハーモニーをつくってみたい思っています。こんな活動ができるなんてとても幸せです。」と話をいただきました。

合同での練習は大成功でした。子どもたちもコーラス団員も素敵な表情で歌いました。練習も終盤に差し掛かったころ、下学年が体育館に集まってきて、即席の発表会を行うことにしました。生徒たちは、先輩たちの雰囲気に圧倒され「私たちも歌いたい」と思ったのでしょう、先生方から「全学年で実施したい」と要望が出ました。こうして、次年度は、参加学年を増やして必ず実現しようという話になりました。「全校合唱で一緒にどうか？」等、新しいアイディアもうまれてきますし、こういう、生徒を伸ばせる活動を構想するとき教員はワクワクするものです。

地域連携教育は、まず実施してみて、生徒の変容を感じ取ってこそ教員にも地域の方にも理解されます。当たり前のことですが、まずは実施してみて、もし効果があれば、教育課程にしっかり位置付けて継続していけばよいのだと再確認しました。生きたカリキュラムは生ものです。常に、子どもたちにあわせてデザインすることが求められます。

【実践する上でのポイント】

・公民館で活動しているサークルの中に、学校で実践可能な活動がないか探ること。

・地域の大人の活動と学校の授業を融合させ、大人と子どもの学びの場として活動すること。

・まず実践してみて、効果を感じることがあれば教育課程に位置付けること

## ○子どもの居場所と学校

文洋校区には、照子親（てらこや）というボランティア団体があります。毎日のように、子ども食堂・夕食支援さらには夜の学習教室をされています。親の勤務の関係で、深夜まで一人で過ごす子どもも少なくないことから、照子親の子ども食堂や夜の学習教室には多数の子どもが参加しており、子どもたちにとっての大切な居場所になっています。

照子親では、不登校問題、スマホ依存問題、欠食問題等、学校だけでは解決が難しい問題に対して、地域として何ができるか考え、いろいろな取組をされています。照子親は、文洋中学校区にはなくてはならない存在です。照子親の代表の前田亜樹さんは、学校運営協議会の委員であり、

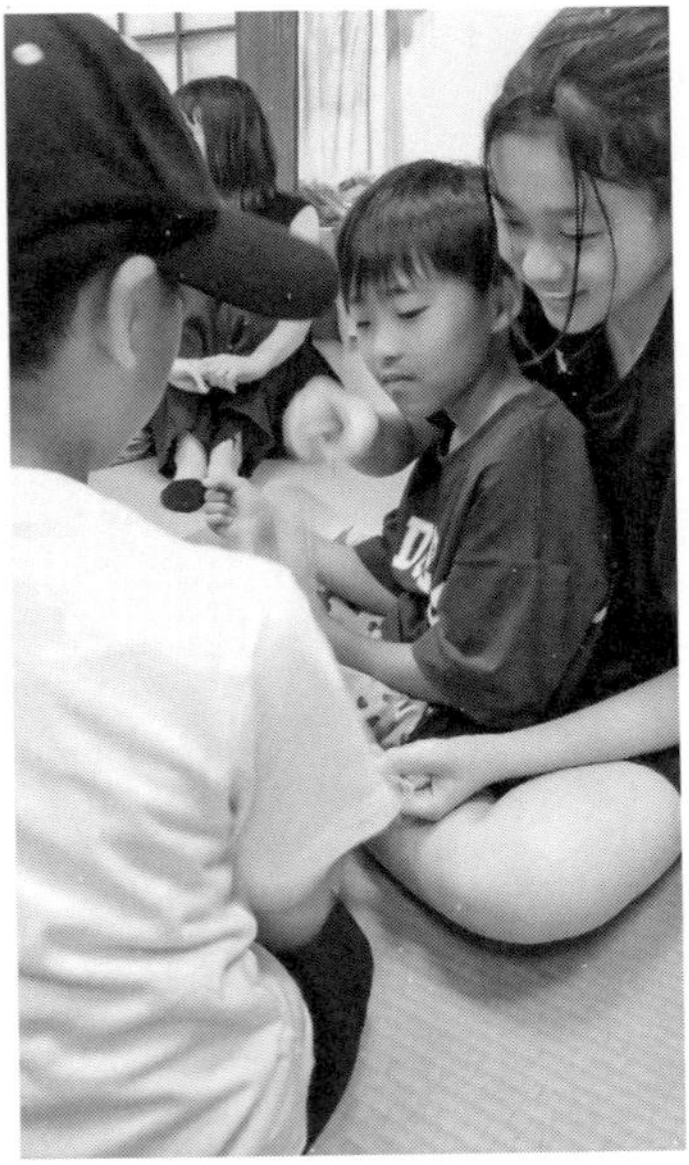

校区にある小学校の地域学校協働活動推進員をされています。前田さんは言いました。「地域に限らず、すべての子どもたちに寄り添って、子どもたちの夢を叶えるお手伝いがしたい。そして、そんな子どもたちの夢を応援する、あたたかい地域にしたい。」

学校運営協議会では、照子親と連携し教育活動を充実させ、学校だけでは解決が難しいことに対してサポートしてもらったり、また照子親のニーズに応じて学校も協力したりするように決めました。例えば、夏休みに学校で子ども食堂や学習教室を実施し、長期休業中も切れ目のない食事の支援・学習支援等を実施してくださいました。地域の小学生も一〇〇人近く参加し、朝から夕方まで学習したり目一杯遊んだりしました。そこでは、中学生も卒業生も地域の大人として食事づくりや学習支援をサポートしています。また、デジタル中心の生活になりがちな子どもたちが、リアルな体験を通して学べるよう、放課後や休日を利用して豊かな体験活動を実施しています。家庭環境による体験格差をうまないようにしているのです。

地域の文化祭では、子どもたちのバザーを実施したいという希望を叶えました。生徒が考えた地元食材を使ったメニューの販売です。おそらく学校だけで実施すると、教員の負担も大きく、実施をためらうのではないかと思いますが、照子親とのタイアップにより随分サポートしていただき、子どもたちの素敵な笑顔を引き出すことにつながっています。

本校に来校される方たちが「文洋中の生徒さんは、柔和で人懐こいですね。」と言われます。もちろん学校もそういう子どもたちを育てたいとは思っていますが、やはり照子親で地域の大人たちが目一杯の愛情を子どもたちに注いでおり、子どもにとって大人は、信頼の置ける存在だということが大きな要因の一つだろうと思います。実際、生徒へのアンケート調査では、「地域に何でも相談できる大人がいる」「地域にホッとできる居場所がある」の項目に対して、他校に比べて有意に肯定的回答が多かったのです。相談できる大人は照子親に出入りする地域の皆さんであり、ホッとできる居場所は照子親のことでしょう。このような地域の団体にも大切にされながら文洋っ子たちはすくすくと育っているのです。

（大田　誠）

コラム

## 文洋中学校の奇跡

「僕の先生は、フィーバー。嵐を巻き起こす」という懐かしのフレーズを口ずさみながら、「教師になって子どたちとともに生きるのだ」と鼻息を荒くした昭和生まれの皆さん。今は、再任用でコンピュータと格闘中、あるいは地域住民としてコミスク運営に携っておられる、といった方も多いのかもしれません。

文洋中の大田教頭は、ICTを駆使する令和の熱中先生です。かつてのマンモス校が姿を変え規模を縮小しても、やんちゃな子たちが家から出ることをためらうようになっても、彼は変わらず個に徹することのできる管理職です。しかも、周囲の大人たちをその気にさせ、チームを意図的に作り、計画的に営む才知に長け、「僕の学校は、フィーバー」と言わせてしまう管理職です。

具体的には、校長を補佐しながらの学校運営協議会において、学校課題だけでなく地域課題を取り上げ、おばあちゃんの率直な悩みに真剣に立ち向かいます。また、同僚の特別支援担当教諭がもつ個人の課題を学校全体の課題として共有しています。さらに、公民館のコーラスサークルの声も丁寧に聴き取って、子どもたちと地域住民の双方にメリットのある取組にしていきます。他にも、学校外の居場所づくりに熱中し、ボランティア団体との強いつながりを作り出していきます。このように、陰になり日向になりながら、文洋地域に嵐を巻き起こし続けています。

しかし、「そんな熱中時代は、校長や教頭が人事異動でいなくなると、幕を閉じるに違いない」と読者の多くは、思われるのではありませんか。確かにその答えはまだ出ていません。そこで、人が入れ替わっても動じない文洋コミスク経営の基礎基本について、まとめてみました。

・教職員個人の仕事を学校組織の仕事にし、学校の仕事について地域住民と協議する
・「地域の担い手」となる子どもたちに付けたい力を、学校運営協議会で協議する
・子どもも大人も力を付けるための取組を決めたら、紙に書いて末代まで残す

今、文洋中の管理職は、先頭に立ち必死に走り回っています。でも、大きな岩が少しずつでも動き始めたら、後はたくさんの人が少しの力を加えるだけで、勝手に岩は転がっていくはずです。やがて、力を加える教職員が一人抜け、二人抜けたとしても、違う誰かが代わりに力を注いでくれるでしょう。だって、地域の皆さんは、そこにいてそっと力を注ぎ続けてくれるはずですし、何より大人になった卒業生が、強くて大きな手を差し伸べてくれるようになるのですから。伝説とは、人々が長く言い伝える話のこと。本当の文洋伝説は、緒に就いたばかりかもしれませんがいつの頃か、きっと照子親の前田代表がこんなことつぶやく日が来るのだと思います。

「『一〇年後、二〇年後、この街の核になるのはこの子どもたち』って、本当にその通りになったね。あの伝説の熱中先生は、確か太いじゃなくて大きい方の大田先生じゃったよね」

## [2] 日本一しあわせな学校をつくろう！
### ～一〇年後二〇年後に大輪の花を咲かせるための今～
### 【長野県上田市立北小学校】

### ○ハッピータイム

あなたにとって「しあわせ」って何ですか？

平和で、食べるものに困らないこと？

自由に生きられること？

長野県上田市立北小学校といえば「ハッピータイム」。

「ハッピータイム」の名付け親は子どもたち。毎週水曜日の給食が終わると「それ」は、やってきます。

この日だけは、清掃をせずに、思いっきり遊ぼう。

普段は忙しい先生たちも、一緒に遊ぼう。

しあわせな時間。ハッピータイム。

さて、「ハッピータイム」が始まったのは二〇一三年。当時、赴任された校長先生は、子どもたちの様子を見て、ある違和感を覚えました。

大人の言うことをよく聞くいい子たち。だけど、何となく覇気がない気がする。保健室の利用が多い。給食がたくさん残る。よくみると授業中、机に肘をつく子も多い。校長はある仮説を立て、子どもたちに万歩計をつけました。すると、一日の平均歩数が約五、五〇〇歩。今、この子どもたちに必要なのは、思いっきり身体を動かし、思いっきり心を開放することでは？　校長は決めました。「水曜日の給食後の三〇分間を「遊びの時間」と位置づけ、徹底的に遊ばせよう」

「そんなことをしたら、疲れてしまって午後の授業に身が入らないのではないか」「長野県の伝統、無言清掃はどうなるんだ」という声もあり、教職員間の侃々諤々の議論の末、なんとか実施にこぎつけたこの「遊びの時間」。私たちが思った以上の成果があらわれはじめました。なんと、水曜日の不登校が劇的に減ったのです。子どもたちは、いきいきと外で遊び始め、一番懸念された午後の授業も、むしろ今までより積極的に取り組めるようになりました。その後、児童会

が中心になって、この「遊びの時間」を「ハッピータイム」と命名し、今に至っています。

児童会の合言葉は「ハッピースマイル・北小」

児童会のテーマ曲は「ハッピーソング」

さて、子どもたちの〝今〟をしあわせにするものって、何でしょう?

北小学校でのコミュニティ・スクールの一〇年間の軌跡を辿ってみたいと思います。

## ○すべてのクラブ活動を地域の手で

同年九月、上田市教育委員会に勤務していた私に校長先生から一本の電話が入りました。「来年度から、すべてのクラブ活動を地域の手で行うから、協力してほしい」

えっ? すべての? どういうこと?

教員の働き方改革が叫ばれる昨今ですが、一〇年前の北小学校でも、クラブ活動を先生方だけで行うのは大きな負担でした。忙しい日々の中で、クラブ活動の準備から当日の指導まで、教師一人で行うことは、苦しいことです。当然ですが、事前準備に手間がかからない無難なクラブで、年数回の活動を乗り切るといった状況。この「ピンチ」を地域住民の協力によって「チャンス」

に変えられないだろうか。また、地域の多様な大人との関わりで、子どもたちが、人への関心や愛着を育むための種蒔きができないだろうか。そんな校長先生の願いでした。

一方、先生方の中には「教育課程の一環を教員以外が受け持つことへの不安」や「外部の人が校内に入ってくる抵抗感」が少なからずありました。何でもそうですが新しいものへの不安はつきものです。それでも私たちは新しいことがはじまるワクワク感を原動力にして、丁寧に、丁寧に説明し、話し合いをくり返し、半年に及ぶ粘り強い熟議の末、ようやく翌年度から、新たに地域住民による一三のクラブを実施するに至りました。

料理、フラワーアレンジメント、陶芸、囲碁・将棋、サッカー、バスケ、バドミントン……そのすべてが、地域の皆さんによって運営されます。

立ち上げに際して、こんなルールを決めました。

①クラブのねらいは、子どもたちが人を好きになること（技術の習得ではなく、人への愛着を）

②大人と子どもが対等な関係であること（大人の忖度に子どもを巻き込まない）

●クラブプレゼン会

子どもたちが自分でクラブ活動を選び、主体的に参加できるよう、クラブ活動の「プレゼン会」が行われることになりました。「プレゼン会」では、講師が児童に「このクラブに入ったら

こんな面白いことが体験できる」といった、一分間の発表をします。大人の決意表明です。

参加希望者が一人もいないクラブは成立しないということも、ルールに加えました。学校にも勇気が必要でした。大人の忖度に子どもを巻き込まないと決めたものの、せっかく地域の方に講師をお願いし、プレゼンまでしていただくのに、もしものことがあったら…

希望者ゼロで、成立しないクラブに対しては、校長先生とコーディネーターが直接お詫びに伺うということも決めました。これまでの一〇年間で、このお詫び行脚が四回行われました。

プレゼン会では、約束の一分間を過ぎると、容赦なくチンベルが鳴り響きます。プレゼンなんてしたこともないから、講師はみんな、緊張でカチンコチンです。ところが、最初に打ち鳴らしたチンベルが、予想外の効果を発揮しました。「チーーーン!!」と高らかにベルが鳴ると、会場に笑い声が溢れ、子どもたちの温かな拍手喝采が、沸き起こりました。そのおかげで、講師の緊張も、少しほぐれたようです。よかったぁ…。そして何より、子どもたちは、そんな大人の真剣勝負を、目を輝かせながら見ていたのです。

あれから一〇年。プレゼン会は、今も続いており、大人も随分プレゼン力が高まっています。

## ●本当のわたしになれる

「演劇クラブ」では、遊びのプロフェッショナルが「遊ぶことは、生きるエネルギー」をテーマに、子どもたちが表現を楽しみながら、仲間と遊び、関わり、互いの違いを受け入れ、活動しています。

クラブ最終日に、六年生のKさんがこんなことを言いました。

「ここに来ると、わたしは、本当のわたしになれる」

小学六年生といえば、思春期の入り口。クラスの人間関係にも気をつかう年頃。日々、周囲に気を遣い、頑張っているその子の「本当の自分」とは、いったいどんな自分だったのでしょう。演劇クラブは、Kさんにとって、かけがえのない心の居場所になりました。

## ●非就任承諾書

「囲碁・将棋クラブ」の指導者で将棋名人のTさんは、無口で、ちょっと強面。名人だけあって、子ども三人と同時に対局しても余裕の顔。子どもたちはそんなTさんに、負けたと言っては肩を落とし、勝ったと言っては大喜び。それを見守るTさんも満面の笑みです。

活動五年目を迎えた頃から、そのTさんに異変が起こるようになりました。クラブ活動の日を勘違いして学校にやってくることが増え、あるいは、肝心なクラブ活動の日をすっかり忘れ…。周囲の私たちも「なんか変だぞ」と思うことが増えました。校長先生や教頭先生を交えて、来年の活動を相談した際にも「Tさんの今後」について様々な意見が出ました。

「子どもたちの前に立ってもらうのに、まずいんじゃないか」

「続けていただくとしたら、Tさんのほかに補助者をお願いしてみてはどうだろう」

結局、結論は出ず、本人とご家族の意思確認をしようということになり、ご自宅を訪ねることにしました。当日、約束の時間にTさん宅に着くと、本人の姿はなく、奥様からの要望で「このまま活動を続けて、学校に迷惑がかかるといけないから…」とクラブの指導を辞退されました。

その翌朝、Tさんが手に一枚の紙片を持って、学校の事務室を訪ねてくださいました。手にしていたのは、北小学校のボランティア就任承諾書でした。北小学校では、関わっていただくボランティアの皆さんに、毎年この書類を提出していただいています。保険の加入に際して必要ということだけでなく、活動に参加していただくのも、事情でお休み（お辞め）いただくのも気兼ねなく行っていただくための手段です。その日、Tさんが手にしていた就任承諾書には「就任」の前に、大きな字で「非」という文字が書き込まれていました。

Tさんはその「非就任承諾書」を事務の先生に手渡しながら、こんなことを言ったそうです。「俺はさー、北小が好きで、子どもたちと一緒に将棋を打てることが楽しくてたまらないのよ。だけどさー、変な病気になっちまって、ときどき曜日や時間がこんがらがっちまう。だから先生、もし俺が間違えて学校に来ちゃったときはさー、この紙を見せておくれや。そしたら俺は、ああもうクラブは辞めたんだなって、納得して家に帰るから…」そう言い残して帰られたそうです。

すぐに事務の先生から連絡をいただいた私は、その話を聞いて、涙がとまりませんでした。

正直なところ、Tさんことでは本当に悩んでいました。病気になられたからと言って、これまでお世話になったTさんに、簡単に「辞めてください」なんて言えなかった。でも、学校の教育活動を担っていただく上で、子どもたちに何かあったら…と考えると「続けてください」も言えない…。Tさんは、そんな私の心情を察して、『非就任承諾書』を持参してくださったのだと思うと、申し訳なくて、せつなくて、そして、ありがたくて…。その時、私は誓いました。こういう方たちの前に立たせていただいている責任と感謝を決して忘れない…と。

昨年、Tさんが亡くなられました。告別式に参列した際に、Tさんが二人の小学生と対局をしているかっこいい後ろ姿の写真を額に入れて、奥様にお渡ししました。

北小学校の子どもたちの「ありがとう」をたくさん詰め込んで…
Tさん、ありがとう。あなたを決して忘れません。

## ○大事にしてもらう

子どもたちが地域の多様な方々と出会い、自分の生き方や在り方について考えるきっかけづくりをしたいという学校のニーズがあり、五〜六年生の『はたらく学習』が始まりました。北小ならではのキャリア教育の始まりです。「技術や技の習得ではなく、学区に暮らす親でも親戚でもない大人を目一杯浴びてほしい」そんな願いでした。そのために、事業所は、徒歩圏内。当日の往復は徒歩で、行先毎にグループを作って、ボランティアの皆さんに付き添っていただきます。緊張で言葉少なめな往路と比べて、帰りは、元気いっぱい。抱えきれないほどのお土産を手に「映画館の裏側って、どうなってるか、知ってる？〝特別に〟入れてもらったんだー」「お昼ご飯には〝特別な〟デザートを食べさせてもらったんだよ」と、子どもたちは「特別」が大好き、うれしい報告が止まりません。

六年生のYくんは、実家のバイクショップの跡を継ぎたいと思っていました。当然「はたらく学習も、わが家で」と、父親に相談したところ「おまえに触らせられるバイクは無い」ぴしゃりと断られてしまいました。彼の願いを叶えたいとようやく見つけた事業所は、某国産自動車メーカーのディーラーでした。学校からの依頼を意気に感じてくださり、当日、彼を担当してくださったのは、そのメーカーの長野県内の自動車整備士のトップインストラクターでした。

職場での様子を見に行くと、彼は無我夢中で車を磨いていました。周囲の雑音など、まったく聞こえないほどの集中ぶりです。帰り際に、インストラクターから

「父ちゃんの跡は継がないでいいから、大きくなったらうちに来なさい。待ってるから」といっていただきとてもうれしかったようです。

地域の大人を目一杯浴びて、いつか大輪の花を咲かせてください。

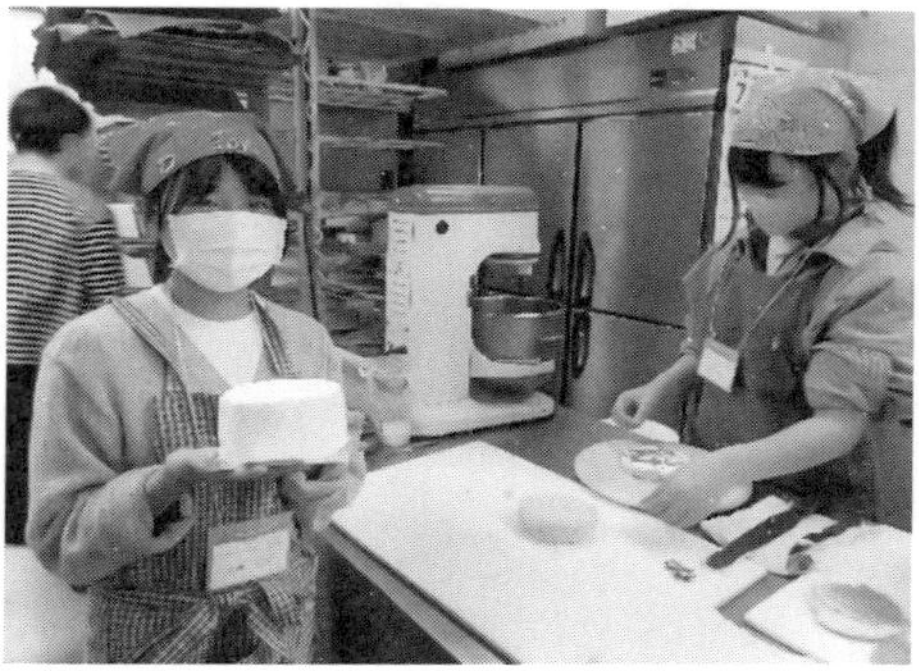

## ○北小応援団　誕生

北小学校の地域連携教育の中核といえば、年に三回開催する『応援団総会』。

総会は、ボランティアの皆さんだけでなく、教職員が全員参

加します。ワークショップや研修等を通じて「子どもたちにどんな力を身に付けてほしいか」「どんな学校をつくっていきたいか」などを話し合い、北小の教育ビジョンを共有する大切な会です。会が和やかに進むように、アイスブレイクやゲームも実施し、なんとドリンクバーも設置。対話が生まれ、笑顔があふれ、そこは、参加者全員の安心・安全な場所になっていきます。このことは地域連携教育を継続していく上で、大切な要素だと考えています。このように一歩ずつですが、学校と地域が、さまざまな活動を通じて、互いに歩み寄って、二〇一六年四月、正式に『北小応援団』が立ち上がりました。

## ○一歩でも、前に進みたい

二〇二〇年二月二八日の文部科学省の通達によって、日本中の学校が休校となりました。前代未聞のコロナウイルスという、大きな壁に、世界中の人々が翻弄されました。私たちの生活のすべてにシャッターが下ろされ、規制されたのです。

休校になった学校では、リモート授業の準備や感染予防対策の消毒など、先生方の悪戦苦闘の日々が始まりました。

そんな二〇二〇年四月、その当時の校長先生から電話がありました。

「こんな状況だけれど、地域と紡いできた関係を後退させたくない」との、力強いお言葉でした。

「わかりました。勇気を持って、一歩でも前に進めましょう」

そうして私たちは、五月の『ボランティア総会』を思い切って野外で開こうと、決めました。

コロナ対策で忙しい先生方に代わって、これまで学校（児童と先生方）が担ってきた花壇の整備を、ボランティア総会で行うことにしたのです。「集まってくれるだろうか」と心配していた参加者は四〇人を超えました。

「元気だったかい？」

「生きてたわい」

「よかった、よかった」

どの顔も、笑顔。笑顔。休校で滞っていた作業は、みんなの協力で魔法みたいに「あーっという間」に終わりました。終了後に、木陰でペットボトルのお茶を飲んでいると、どこからともなくこんな声が聞こえてきました。

「ここも酷いなあ…何とかしなきゃ」

「じゃあ次は、ここをきれいにしよう」

こんなボランティアの皆さんの提案により「大人の剪定講

座』が始まりました。剪定講座では、地元の樹木医の先生から、学校を会場に剪定を学びます。

「剪定ができるようになったら、お家の庭がきれいになって、奥さんに喜ばれるよー」

「PTA作業で、リーダーになってもらおうかー」

みんな、なんて前向きなの！　その年三回実施した「大人の剪定講座」では、ボランティアの皆さんだけでなく、保護者の参加もあり、何よりみんなで一緒に学びあうのは、とても楽しいことでした。その上、みるみる学校がきれいになり、達成感MAX。

このように、この年は活動のほとんどを、屋外で行いました。すべてのドアが閉じてしまったコロナの時代に、歩みを止めずに一歩でも前に進みたいと、心を合わせ乗り越えたことは、私たちの大きな自信になりました。

余談になりますが、この剪定作業を「講座」にしようと思ったのは『奇跡の学校～コミュニティ・スクールの可能性～』という本のおかげです。山口県の珠玉の実践の中に、「大人の学び」を中核にした取組が紹介されていて「これは、私たちにぴったりの実践だ！」と参考にしたものです。私が勇気づけられたように、本実践が日本全国の誰かの琴線に触れ、コミュニティ・ス

クールの取組が広がっていくことを願っています。

## ○「大人の学び」始まる

校内の空き教室にできたコミュニティルーム。ここは大人の「やってみたい」「面白そうだ」を叶え、人のつながりを生む場所にしよう。大人の夢の教室。学校の中の公民館。コミュニティルームでは、北小の若手教員が中心となって、コンピューター講座やドライフラワーづくり等、様々な学びが始まりました。コミュニティルームでは、互いに自分の「得意」を持ち寄って、誰もが先生、誰もが生徒の学びのアラカルトスタイルが展開されています。休み時間になると、興味津々の子どもたちも集ってきて、「大人の学び」に仲間入りです。

そうなると、北小の「大人の学び」の場はどんどん広がりました。それまでは先生方だけで行っていた救急救命法やハラスメント研修を、保護者やボランティアの皆さんにも声をかけ、学校と地域が一体となって学んでいます。すると、保護者やボランティアの皆さんから、こんな言葉が出始めました。

「先生たちは、毎日本当に忙しいのに、その上こんなにたくさんの研修をしてくれていたんだね」
「子どもたちのために、いつもこんなに頑張ってくれて、ありがとう」

## ●リコーダー部　誕生

コミュニティルームでお茶を飲んでいると、Sさんがぽつりぽつりと話をしはじめました。

「音楽会の参観は、今年も一家庭二人限定だって…来年は孫の最後の音楽会。あー、観たいなぁ。でも、無理だよね。パパとママが優先だもの」

いつもボランティアでお世話になっているSさん。何とか願いを叶える方法はないものか？　あれこれ考えた末に「観客として参加できなくても、リコーダーで出演したらいいんじゃない？」ということで、大人のリコーダー部が立ち上がりました。北小、「大人の学び」の場、炸裂です。

その年の最後の学校運営委員会の際に、リコーダー演奏の許可をいただき、仲間を集めて本格始動。毎月第二第四月曜日には、ソプラノリコーダーを携えて、コミュニティルームに集合することに決まりました。最初は、楽譜に音階を書き込み、思うように動かない指を恨めしく感じながら、それでも仲間と演奏するのが楽しくて、練習に励みました。

いよいよ音楽会当日。演奏するのはたった一曲「上田市立北小学校・校歌」

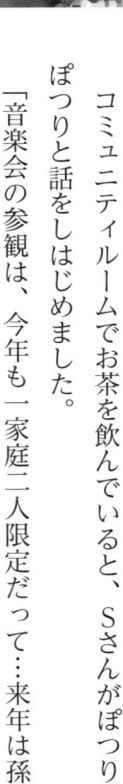

有難いことに、大人のリコーダー部の頑張りを見ていた音楽科の先生が、プログラムに加えてくださっていました。会場は、上田市が誇るサントミューゼ・大ホール。超一流の演奏家が集う夢のステージに、私たちは今、立ってる！　緊張で足はガクガク…。そしていよいよ、校歌の一番二番をリコーダー四重奏。そして、ピアノの間奏を挟んで三番が始まると、なんと、会場から割れんばかりの校歌の大合唱が…。子どもたちだけでなく、観客の保護者の皆さんもリコーダーに合わせて歌ってくれています。感動で心が震えました。リコーダー演奏に合わせて校歌の歌詞の字幕スーパーを流すという、先生方からのサプライズにも胸が熱くなりました。

実は、校歌を演奏すると決めたのには、理由があります。コロナ禍の三年間、子どもたちはマスク生活を強いられ、合唱をすることはおろか、校歌さえ歌えませんでした。だからこそ、子どもたちには、美しい北小学校の校歌を知り、好きになってほしい、校歌をとおしてつながりたい、私たちは、そう願ったのです。

## ○日本一しあわせな学校をつくろう

二〇二三年度からは、学校運営委員会に児童会の代表が参加するようになりました。

学校の主人公である子どもたちが、「仲間」として学校づくりに参画するって、素敵だと思いませんか。子どもたちからは「地域のひと・もの・ことを、もっと知ってみたい」「フラワーロード（花壇）づくりを地域の人とやっていきたい」堂々とした、たくさんの決意表明がありました。そして、そこで表明したことを着々と実行に移す姿には、私たち大人が学ぶべきことが、たくさんありました。

夏休み前日には、六年生が中心になり、地域の皆さんや保護者、全校児童を招いて『夏祭り』が開かれました。射的や水風船拾いなど、手作りのゲームの数々、そこかしこに六年生の思いが散りばめられていました。参加賞として渡された折り鶴の、そのすべてに「きてくれて、ありがとう」と書き記されていました。（ありがとうは、こちらのセリフだよ）

また、一一月の人権週間には、地域のひと・もの・ことをテーマにした『地域のクイズ大会』を六年生が企画しました。地域を調べ、取材に赴き、人と触れ…、参加する下級生や保護者の皆さんが北小の地域に興味を持ってくれるような工夫が散りばめられた、六〇分に及ぶ企画でした。

そのすべてをやり遂げた六年生の顔は、自信に満ち溢れていました。

今回、機会をいただいて、改めて北小学校の一〇年の歩みを振り返ってみると、決して順風満帆ではありませんでした。でも、何かが大きく前に進むときには、必ずそこに「明確な願い」がありました。

まだまだ、課題は山積。改善の余地はたくさんあるけれど…。私たちは、歩いていきます。子どもたちの心に一〇年後、二〇年後に、きっと大輪の花が咲くことを信じて。

一緒につくろう。みんなの笑顔溢れる学校、日本一しあわせな学校を…

（伴　美佐子）

コラム

## 北小学校の奇跡

北小の子どもたちにとっての「ハッピータイム」は、水曜日の給食後。この営みが一〇年以上も継続していることに驚かされます。それはきっと、「しあわせ」の水曜日の価値に、多くの教職員と地域の皆さんが気付いておられるからなのでしょう。

さて、「どうやってコミュニティ・スクールを経営するのか」と頭を悩ませている校長先生方、この北小にはそのヒントが満ち溢れています。「ハッピータイム」創始者の校長先生が代わられた後も脈々と続き成長し続ける数々の「たのしみ」の秘訣に少しだけ触れてみたいと思います。

これからの時代の学校には、大人の「ハッピータイム」が求められます。言い換えれば「楽しい大人の学び」です。北小に集まる大人は、子どもと「対等な関係であること」を求められ、威張ってなんかいません。学校の先生とは違って「技術の習得ではなく、人への愛着」を促すことを目的とするのです。極めつけは、自分が指導者となって催すクラブ活動の入部者募集のための「大人の決意表明」まで、やらされてしまうのです。大げさに言えばコペルニクス的転回です。従来の学校であれば、地域の方をお招きしてクラブ活動のお世話を依頼しようものなら、教職員は来客用のスリッパの埃を払い、あいさつなどの礼儀指導を何度も行い、失礼のないように玄関や廊下、会場となる体育館など朝掃除まで仕組んだりします。そして、会が始まってからも無事に終わりますようにと神経をすり減らし続けています。子どもたち一人ひとりの姿勢や表情にも目配りし何かあればいつでも手を差し伸べる用意をしているのです。だから、一連の儀式が終わり地域の方がお帰りになった後は、疲労困憊で教職員がぐったりしていたものです。

この関係性を本気で変えるには、子どもも大人も教職員も「本当のわたしになれる」時間・仲間・空間の三つの間に加え、四つ目の「手間」を忘れてはなりません。納得解を導く合意形成に手間はつきものです。一歩でも前へ進みたいと実行した「コロナ禍の剪定教室」。そして大人の学びと子どもたちの学習が見事に融合した「リコーダー部」等々。多くの手間を乗り越え、たどり着くみんなの笑顔こそがコミスクの成否の鍵であることを伴コーディネーターは語っているのです。対等な関係で本音を言える北小だからこそ、「囲碁・将棋クラブ」指導者のTさんは「本当のわたし」になれる心の居場所を見つけられたに違いありません。

しかし、北小の名物クラブ活動で、一〇年間にお詫び行脚が四回。クラブ活動のお世話に賛同された地域の方々のプレゼンを歴代校長先生方は、どんな気持ちでご覧になっておられたのでしょう。プレゼンの出来栄えやクラブ活動の内容もさることながら「神様、どうかお詫びに伺うことになりませんように‼」ではなかったでしょうか。

これからもハラハラドキドキの、子どもを真ん中に置いたまちづくりを楽しんでくださることを願っています。

## [3] すてきな大人との出会いを通して、ふるさとと大好きな子どもを育てる学校　【山口市立小郡南小学校】

令和二年四月、市街地の中心部に位置する小郡南小学校に着任しました。ふと、このような場所にある学校で、「地域とのつながりはあるのだろうか」と疑問をもちました。年度始めの職員会議を終えた昼食の時間に、近くの先生方に「地域の皆さんは、学校に協力的なんですか。」と尋ねました。すると、「町のど真ん中にある学校で、地域とのつながりはないように思っておられでしょう。実は、私もこの学校に着任したときに、そう思ってたんですよ。でも、学校運営協議会とつながった小郡南小ならではの工夫された取組もたくさんあるんですよ。」という答えが返ってきました。

他の先生からは、「いつもの年なら、最初の職員会議に学校運営協議会委員のMさんが来られて、お話をされているのですが、今年度は、新型コロナウイルス感染症の対応等もあるから、地域とのつながりはどうなるのかをMさんがとても気にしておられました。」という話を聞きました。

令和二年度、学校は一学期の始業式と入学式を終えて、一ヶ月あまりの臨時休業となりました。学校再開までの間、全教職員で子どもたちの登校を迎える準備や学校での対応について協議を重ねる日が続きました。そんなある日、Mさんが来校されて、校長室でお話をすることができました。

## ○学校運営協議会委員のMさんの言葉

「学校で子どもたちのために役に立てることができれば、何でもしますから。これは、私の生きがいですから。」

これは、初対面の私に対して、Mさんが話された言葉です。

Mさんは、学校と地域とをしっかりとつないでくださっている学校運営協議会の委員さんです。これまで長年、小郡南小の教育活動の充実のために、お力添えをいただいてきました。令和二年四月も、例年のように新たな教職員の集まった職員室で自己紹介をしていただくように予定していましたが、新型コロナウイルス感染症への対応を協議する職員会議が続いていたため、校長室でのあいさつのみとなりました。

小郡南小では、学校経営ビジョンの中にある「めざす学校像」として「一人ひとりが生かされた、喜びに充ちた学校」を位置付けています。学校で子どもたちとのかかわりを通した活動をすることが、地域の皆さんの喜びや生きがいにつながるというMさんの熱い思いを伺い、地域で育つ子どものために一緒に取り組んでいこうと、大変心強く思いました。

令和二年度からの三年間は、コロナ禍の影響を受けて「地域と学校とのつながり」が希薄となる中、Mさんをはじめとした学校運営協議会委員さんのお力により、小郡南小らしい「地域と学校とのつながり」が展開されることになります。

## ○地域のよさを生かした感動ある体験活動

小郡南小は、ＪＲ新山口駅南中心市街地にあり、企業や商業施設のビル、大型ホテル、マンションやアパートに囲まれたところにある学校です。Mさんと出会い、これまでの取組ついて紹介していただきましたが、私自身はこのような立地条件にある学校で、「どのように地域連携の取組を行っているのだろうか」と大きな疑問を抱き続けていました。新たに着任した教職員もみな同様の思いだったことでしょう。

コロナ禍のため、令和二年度は、学校と地域との交流活動においても、規模を縮小したり、やむなく中止をしたりの判断をせざるを得ない状況となりました。しかし、この一年間も地域と学校とのつながりを一層強めていかなければという願いから、教頭を中心として「南小コミスク通信」を定期的に発行することを通して、「コミュニティ・スクール」や「地域連携教育」についての情報提供を続けました。さらに、小郡南小での具体的な取組について、「大好き小郡！ふるさと小郡を大好きな子どもに！」をキャッチフレーズに、参加者や子どもたちの声を交えて、紹介しました。

～大好き小郡！ふるさと小郡を大好きな子どもに！～

南小コミスク通信⑦

令和３年６月２３日

小郡南小学校

小郡南小　開校３０周年

南小ホームページ

連携した取組の紹介

3年生総合的な学習の時間「小郡再発見」

３年生は、２年生のときに、生活科の学習で、「ふるさと小郡」について学んできています。自分たちが住んでいる町「小郡」についてもっと知りたいという願いを大切にし、社会科とリンクさせながら、総合的な学習の時間「小郡再発見」を進めています。この学習では、校区内を歩いて小郡のことを調べたり、地域から講師を招いてお話を聞いたりしながら小郡について学習し、最後に学習したことを発表します。

この学習を通じて、小郡地域の「ひと・もの・こと」に触れ、ふるさと「小郡」が大好きな子どもたちに育っていくことを期待しています。

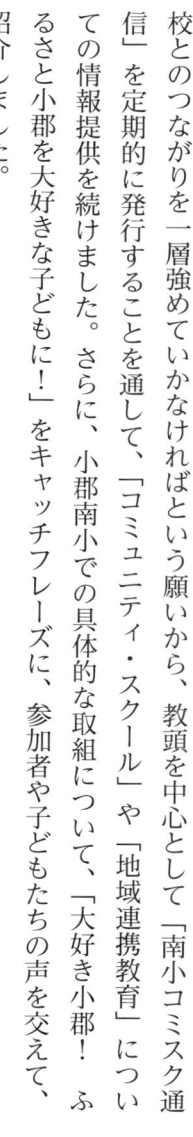

SL山口号のことを教えてもらいました　　小郡南小のオゴオリザクラの前でお話を聞きました

小郡南小では、平成四年の開校以来、地域のよさを生かした感動ある体験活動を学校運営協議会と一緒になって大切にし、継続的に取り組んできた歴史があります。

その一つが、五年生の「田植え体験（六月）」と「稲刈り体験（一〇月）」です。本校の卒業生は、みんな体験している伝統ある取組です。学校から徒歩一五分程度の場所に田園が広がっており、普段子どもたちが生活している場所とは、全く別の風景を見ることができます。その時には、地域の皆さんが、開校当時の町の様子を話してくださったり、地域の皆さんから小郡南小の子どもたちのことをみんなで応援しているよという熱いメッセージをいただいたりできる貴重な時間にもなっています。

三年生の総合的な学習の時間で取り組んでいる「小郡再発見」も特色ある取組の一つです。この学習では、地域の「ひと・もの・こと」とのかかわり合いを通して、ふるさと小郡が大好きな子どもたちに育ってくれることを期待しています。学校が、新山口駅近くにあるという立地条件から、下関総合車両所新山口支所から講師の先生をお招きして、「SL山口号のじまん」について学びました。SL山口号は、新山口支所で点検や整備をされており、子どもたちは、SLの構造や動く仕組み、検査や点検の仕方を教えていただいました。また、ヘッドマークやテールマーク、点検をするための道具などの実物を見せていただいたり、動画を視聴して詳しく説明をしていただいたりして、ますます興味をもつことにつながりました。また、開校以来、学校のシンボルとして大切にしている玄関前にある「オゴオリザクラ」についても、おごおり地域づくり協議会から講師の先生をお招きして、他のサクラより花びらが多く、おしべも五〇本ぐらいで、実がなることを教えていただきました。最後には、小郡南小の「オゴオリザクラ」は、三〇年以上たってとてもきれいに、立派に咲いているので、これからも大切に育ててくださいとお話くださいました。講師の先生は、授業後に「子どもたちは、オゴオリザクラの説明を熱心に聞いてくれました。質問もたくさん出て、子どもたちとかかわって、また元気が出ました。地域のことを理解して、子どもたちが小郡を好きになってくれることを期待しています。」とお話くださいました。

このような継続した取組については、Mさんが学校年間行事予定表を見ながら、学校運営協議会委員さんと一緒に講師の先生方との調整を図ってくださって、実現できています。子どもたちが、学校や地域のことを誇りに思うことができる貴重な体験活動となっています。

## ○地域のネットワークの広がり（「地域の先生」）

頻繁に来校されるMさんとお話すると、学校の中で協議していることとは異なる視点からの話題へと発展することがたびたびありました。私にとって、大きな学びの時間となり、Mさんには大変申し訳ないのですが、時間を延長して多くのお知恵をいただくことができました。その中で、「地域には、先生方が思っておられる以上に、もっともっと力をもった人たちがおられますよ。これまでも言ってきたことですが、私たちを頼ってくださったらいいのに。できることは、精一杯しますから。地域の皆さんも同じ思いですよ。」と話されたことが強く印象に残っています。「今まで、地域とのつながりを大切にしましょう。」と、職員会議や連絡会で共有してきたつもりでしたが、学校のもつ感覚と地域の皆さんの思いや願いに、大きなギャップがあることに気付いた瞬間でした。

教職員に「Mさんをはじめ、地域の皆さんが、これだけ小郡南小のことや子どもたちのことを

思ってくださっています。本校には、すてきな応援団の方々がたくさんおられます。これからも心を開いて、お願いしたり、頼りにさせていただいたりして、一緒に取り組んでいきましょう。」と話しました。

小郡南小においても、校務分掌表に「地域連携教育担当」の教員を位置付けていますが、地域と一体となった取組を推進するにあたっては、活動内容を学校運営協議会委員さんへ詳細に伝え、事前・事後の打ち合わせなどを行う必要があることから、担当学年部や担当者が直接Mさんに連絡するという「しくみ」で取り組んできました。今回は、特別活動担当が、「クラブ活動の内容を一層充実するために、地域の皆さんのサポートをいただくことはできないでしょうか。」という相談をMさんにしました。さっそく、次年度に予定しているクラブ活動一覧を用意して、Mさんと話し合いの場をもちました。

「手話クラブだったら指導してくださる人がいますよ。後で連絡してみますね。」、「Hさんという人がいらっしゃって、地域でお花の講座を担当しておられるんですよ。新しく小学校のクラブに入れてみたらどうでしょうかね。」などと、話がはずみ、令和四年度は、一四クラブのうち、

「華道クラブ、茶道クラブ、手話クラブ、家庭科クラブ、野外活動クラブ」の五つのクラブで、地域の皆さんがサポートしてくださることになりました。

クラブ活動後には、「地域の先生」がコミュニティ・ルームに集い、教職員と輪になって、その日の活動の様子や子どもたちのがんばりを笑顔で紹介する時間を設けました。「地域の先生」からは、クラブ活動を通してこれからの子どもたちに必要な力や学校として取り組んだらよいことなど、「地域に育つ子どもたち」という視点から、大変貴重なお話を聞かせていただくことができます。

## ○子どもたちの実感や納得を大切にした学習をめざして（手話教室）

ふるさとの「ひと・もの・こと」に学び、ふるさとが大好きな子どもを育てることをめざして、学校や教職員が地域の人たちとつながることにより、小郡南小らしい取組が展開されていきました。特に、令和四年度の二学期には、学校運営協議会委員さんからの新企画や保護者ボランティア参加の呼びかけなどもあり、コロナ前以上の取組を行うことができました。

Mさんは、「学校での取組に対しては、地域は全面協力をします。でも、そのためには、学校から取組の意図を事前に説明してもらえる時間を設けてもらえないでしょうか。地域の皆さんは、子どもたちのために力になりたいと思っていても、実際の子どもたちのことを知らないので、不安なんですよ。」と話されました。

放課後の会議室では、担当学年と地域の皆さんとMさんによる、事前の打ち合わせが頻繁に行われるようになりました。担当学年からは、子どもたちがどのようなことに取り組んできたかを説明し、当日の体験活動の目的や内容について説明します。そして、地域の皆さんの役割等の確認をします。一週間前を目安に、このような事前打ち合わせをすることで、ただ体験活動を行うのではなく、より質の高い取組になるように工夫してきました。

四年生では、二学期に「福祉」をテーマにした総合的な学習の時間で、「あいサポーターキッズ研修」、「高齢者体験」、「アイマスク体験」、「車椅子体験」、「バリアフリー見学」とさまざまな体験活動に取り組んできました。すべて、関係団体や地域の皆さんが講師として、子どもたちに指導をしてくださいました。夏休み中にMさんと打ち合わせをして、学校のニーズにあった方々に連絡をとっていただきました。これらの多くの体験活動を教員だけで準備することは大変難し

いことなので、とてもありがたかったです。

十一月下旬、「福祉」のまとめの取組として、「手話教室」を行いました。子どもたちが学んできた「やさしいまちづくり」のために、「自分たちでできることはないだろうか。」という問いをもち、計画したものです。講師の先生から、日常の生活で生かせる「あいさつ」や「自己紹介」の仕方について学びました。子どもたちは、新たな気付きを得て満足そうでした。そして、授業の終末、Aさんが「今日の学習のふり返り」で、「今日は、はじめて手話をやってみて、たくさんできるようになってうれしかったです。でも、手話って本当に通じるのかなあと思いました。」と発表しました。

授業が終わった後、担任と講師の先生とMさんとで、真っ先に話題になったことがAさんのふり返りについてでした。Mさんから、「子どもって、すごいねえ。手話が本当に通じるのか確めてみたいでしょうね。」と切り出されました。それを受けて、担任から「Aさんのような思いは、子どもたちみんなの心の中にあるかもしれませんね。本当に手話で気持ちを伝えることができるのか、コミュニケーションできるのか、やってみたいと思います。」と思いを話しました。

数日後、Mさんから「Aさんの願いを実現してみましょう。」と連絡がありました。日常生活の中で、手話を用いておられる方が来校してくださることになりました。子どもたちの実感や納得を大切にしたいという願いを学校も地域も共有して、より質の高い教育活動に取り組むことができました。

## ○みんなで伸びよう「みん伸びプロジェクト」の取組

小郡南小の特色ある取組を紹介します。「みん伸びプロジェクト」（以下、「みん伸び」）です。このプロジェクトは、地域と一体となった学力定着の取組として位置付けたものです。当時、少人数指導担当であったN教諭が、算数科の授業を進めながら、ふと思いついたことがきっかけになりました。

それは、「単元末や学期末のまとめの学習で、もっと子ども一人ひとりの学習状況を確認して、個別の状況に応じた取組を進めることはできないだろうか。」という思いです。その後、N教諭と学級担任の二人体制で取組の充実を図っていましたが、「もっと子どもたちの学力を伸ばしたい。」という願いからMさんに相談することにしました。

Mさんとの立ち話の中で、N教諭から「地域の中で、子どもたちの算数プリントの丸付けをしてくださるような人って、おられませんよね。」と話題にしたところ、一週間後には、「五、六人の人は、やってくれそうよ。日程が合って、何をしたらよいか分かれば、協力いただけると思います。」という返事をいただきました。ふと思いついたことが実現するかもしれないという手応えを感じた瞬間でした。

「みん伸び」では、これまでの学習で苦手に感じた学習などにチャレンジして、「みんなで伸びたぞ！」と実感できるようになることをねらいとしました。高学年では、学習内容も多くなるため、できるだけ個別の取組が充実するように、学年（三学級）を四グループに分けて、子どもたちがコースを選択して、課題意識をもって、学習に取り組んでいきます。担任や専科教員とともに、みなみっこサポーター（地域ボランティア）や中学校の先生にも、プリントの丸付けやアドバイス役を担当していただき、取組を充実させています。小郡南小の学期末の取組として定着してきました。

また、「みん伸び」を続けながら、Mさんから担当のN教諭へ「地域ボランティアの方が、丸付けすることはできるけど、子どもたちがどこでつまずいているかを理解するために、これまでの学習の流れを知りたいと言われているけど。」と相談がありました。
「みん伸び」の取組当初より、授業当日に少し早めに来校いただいて、プリントの答えを見ていただいていたのですが、さ

らなる工夫をする必要性が生まれました。そこで、N教諭は、実際の授業を行う前の時間に集まっていただき、一時間枠をとって「打ち合わせ会」をすることを提案しました。授業で扱う問題プリントを用いて、「子どもたちがつまずきやすいところ」や「つまずきに対する見直しのポイント」などを説明しました。その後は、「ここまでは、間違えなくできても、次の問題は、難しいねえ。」、「文章題の扱いが気になるなあ。」などと、話が弾みました。地域ボランティアの皆さん同士での意見交流の場となり、「算数が得意な子どもも少し苦手な子どももいる。すべての子どもが、自信をもって取り組めるように、ひと声かけてやりたいな。」、「こちらから教えすぎない方がいいんじゃないだろうか。今の子どもたちは、受け身の子どもが多いように感じるから。」など、N教諭を交えての「大人の学び」の時間になりました。すてきな気付きをいただける貴重な時間になっています。

## ○「人生で得になるような話を聞きました。」（子ども熟議での子どもの成長）

コロナ禍ではありましたが、コロナ前以上のつながりをもって、多くの地域の皆さんが子どもたちの教育活動にかかわってくださいました。教職員も地域の皆さんの温かい思いをありがたく受け止めて、Mさんをはじめ、地域の皆さんの力を頼りにしながら、一緒に子どもたちを育てていくことの手応えを感じ、一つひとつの取組を通して充実感を味わうことができてきました。

一方で、子どもたちが「ふるさとの『ひと・もの・こと』」に学ぶことの質の高まりについて、気になっていました。「この活動で、何を目的にするのか。」、「地域の皆さんの役割は、何なのか。」など、職員室でも話題になっていました。

教科等の体験活動やクラブ活動などでは、地域の皆さんのサポートをいただいて、子どもたちが活動中に地域の皆さんとお話をしたり、お尋ねをしたりするなど、子どもたちも笑顔いっぱいです。しかし、そのような活動を充実するためでよいのだろうかという思いも芽生えてきました。地域の皆さんが日常的に来校されて、子どもたちと関わりをもっていただけるようになると、それだけではもったいないという思いも生まれてきました。

そこで、子どもたちと地域の方々とで、やりとりできる「熟議の場」を設けようと考えました。子どもたちと地域の皆さんの「共通の話題」を何にするか。読み原稿のある発表会形式ではない形で、子どもたちの普段の思いや考えをもって、地域の皆さんにぶつけてみることはできないだろうか。子どもたちの本音を伝えることで、地域におられる「すてきな大人」の皆さんから得るものがあるのではないだろうかと考えました。

今回は、「今日の授業をふり返って」をテーマにして、「熟議の場」を設けることにしました。

六年生の全校授業（算数「拡大と縮小」）を学校運営協議会やＰＴＡの関係者の皆さんに参観

していただき、その後、学習をした六年生児童代表六名との熟議を行いました。

最初は、「今日の算数の授業について」という問いかけに、子どもたちからは「『拡大と縮小』の学習をしながら、考え方はわかるんだけど、問題によっては計算が難しくなるから、困ることがあります。」、「今日、わからないこともあったけど、友達と力を合わせて、わかるようになったので、うれしかったです。」などのふり返りが発表されました。その後、参加された大人の皆さんから、次のようなメッセージをいただきました。「算数は好きですか。中学校に行くと、数学になります。筋道を立てて考えることは、これからも大事だと思います。今日のわからないこと、苦手なことはだれにでもあると思います。

ように、がんばってほしいです。」、「わからないこと、苦手なことはだれにでもあると思います。でも、きらいになってほしくはないなと思っています。」など、人生経験豊かな皆さんからのお話を真剣に聞いている六年生の姿が印象的でした。
熟議の後で、Sさんは、「授業についての質問をていねいに聞いてくださいました。これから何事にも迷わずに、自信をもってやることの大切さを教えてくださいました。人生で得になる話

を聞きました。」とふり返りを書きました。
子ども熟議を体験した子どもたちの声を受け止めて、今後、子どもたちと地域の皆さんとのつながりの持ち方についても、一層工夫していきたいと考えています。学校と地域との連携のあり方について、次のステージへと高めていきたいと考えています。

（河内　啓次）

コラム

## 小郡南小学校の奇跡

人口減少に歯止めがかからず、学校の統廃合も余儀なくされる山口県にとって、「地域の担い手」の育成は、待った無しの課題。コミスク導入時からの継続テーマでもあります。導入の後一〇年程度経過し、コミスクで育った子どもたちが、地域の青年部の先頭に立って祭りを盛り上げている、といった姿も各地で見られるはずですが…。

さて、県庁所在地の山口市南部に位置し、新幹線も停まる新山口駅を持つ小郡地域。一九九二年創設、平成生まれの比較的歴史の浅い学校です。新たに着任した教職員が立ち並ぶ高いビルを見上げながら、地域住民や保護者との関係性を心配する気持ちは、容易に想像できます。

そこに、Mさんの登場です。やはり、コミスクは人。「人は人を浴びて人になる」という言葉の通りMさんは、確実に地域の担い手育成に大きな力を発揮しています。原動力は、Mさんが、小郡南小で子どもたちとともに活動することを生きがいにしておられることです。

人が増えるほどにつながりが希薄になるということ。SNSなど端末を使ったつながりを求めるほどに孤立感が深まること。そんな矛盾を乗り越え「一人ひとりが生かされた、喜びに充ちた学校」づくりに向け、小郡南小は大人の生きがいと子どものやりがいをきちんと教育課程に位置付けました。

そこに、令和のコロナ禍です。人が多い地域ほど外出自粛が必然となり、情報端末の普及を加速させました。ところが、です。未曽有の危機に際し接触が禁じられる中でこそ、校長は逆に「学校と地域とのつながりを一層強めていかなければという願い」を具体化しようとしていたのです。

学校経営は、常に順風満帆ではありません。前に強く進もうとするほどに、向かい風を感じるもの。ここに書いてはありませんが、河内校長はコロナ禍で体験活動を再開するに際し、厳しい判断を迫られる場面に何度も直面されたはずです。そんな中でMさんと二人三脚を組み、

・掲げた目標の達成に向け、粘り強くやり遂げようとする自制心
・手段を工夫し、年間行事予定を見ながら時間・空間・仲間を差配する調整力
・目標を共有し、他者を納得させ協働できるようにするコミュニケーション力

などリーダーシップを発揮しながら、小郡南丸を先導されました。「コロナ禍ではありましたが、コロナ前以上のつながり」を感じたのは、Mさんをはじめ学校運営協議会の皆さんや、教職員も例外ではなかったはずです。誰に対しても分け隔ての無い県下一謙虚な河内校長ですが、地域の担い手育成に向けては、誰に対しても信念をもって強くこう言い切ります。

「学校には三つの見えない壁があります。『地域と学校との壁、校長室と職員室の壁、職員室と各教室との壁』。これを打ち破るには『なかよくなる、一人ひとりに関心をもつ、大切なことを大切にする』ということが必要ですよ。」

## 4 校長が変わってもびくともしない学校
## 【光市立浅江中学校】

### ○「あの浅江中か」

「山口県で全国的に一番有名な学校」これが浅江中に着任する前、わたしが浅江中に対して抱いていたイメージです。なぜ有名かというともちろんコミュニティ・スクールの先進校としてです。

実際に、浅江中のコミスク経営に携わってみて「そういうことか」と納得することが多々ありました。まず、最初の学校運営協議会でのこと。参加している委員が、当然のごとく「一五歳の浅江っ子像」を前提として、議論を始めたのです。「あっ、この人「一五歳の浅江っ子像」を評価規準として発言している」と気付いたときには、一種の凄みを感じました。次に、納得させられたのは、地域の方が教育活動に深く関わることが日常になっていることでした。毎日の下校時のあいさつ運動、早朝元気クラブ、あさなえ英会話など、年間を通して多くの活動が実施されていますが、その代表格とも言えるのが「木工教室」です。これは、複数名の地域の方が学習支援に入って実施する一年生技術科の木材加工の授業です。毎回製作するのは本棚です。まずこの本棚がとても立派なのに驚かされます。初めて見た人は「週一時間の授業で中学一年生がこれを組み立てたの？」といぶかしく思うほど立派です。でも実際に授業をのぞいてみると納得です。七名のサポーターの内、少ないときでも三～四名が授業に入り、常に生徒に寄り添って技術指導を行っています。まず一人ひとりのサポーターが生徒の様子をよく見ています。そして安全に配慮しながら、的確なタイミングで説明したり、模範を見せたりしています。でも決して教えすぎません。結果として、生徒はものすごい集中力で本棚の製作に取り組み、技術もみるみる上達します。しかし、この活動の真にすごいところは別にあります。それは、教科担任が替わっても、一〇年以上に渡って連綿と「木工教室」が継続しているところです。同じ単元であっても教科担任が替われば授業の進め方も変わるのが常です。しかし、新しい教科担任が着任しても、その担任としっかりとすりあわせをして担任の意向もくみ取りながら木工教室を開催しているのです。また、ある保護者からこんな話を聞きました。「お姉ちゃんの時の本棚と妹の本棚を比べたら、本棚の角がなめらか

になって、背の部分に補強の木材が着いていた。二つ並べてみると明らかに妹が作った方が立派だった」と。毎年、少しずつ本棚がレベルアップしているのです。地域の方に聞いてみると、毎回授業後には、次はこうしよう、ここはこうした方がいいと自然と反省会になるそうです。その積み重ねが、最終的には作品のレベルアップにもつながっているのです。地域の方々の、しなやかさと向上心には敬服の念しかありません。

## ○コミスク一五年の重み～歴代校長の話から～

浅江中に勤務して二年目の秋、ひょんなことから浅江中のコミスク経営に携わった二人の元校長から、学校経営についてじっくりと話を聞く機会を得ました。

㈠　三層構造に込められた思い

K元校長は、市教委の学校教育課長在職時に、コミスクの導入を構想され、その後平成二一年に浅江中の校長として着任。文科省の研究指定校を活用しながらコミスクを立ち上げ、退職までの五年間浅江中校長としてコミスクの推進に携わられました。約三〇分間お話を聞いた中で最も印象に残ったのが、「三層構造」導入の意図です。三層構造とは、学校運営の方向性を決める学校運営協議会を頂点として、その下に具体的な活動内容を決めたり、実施した活動の評価をしたりする知・徳・体の企画推進委員会、さらにその下に、教員や保護者などが企画の原案を考えるプロジェクト委員会を設置し、コミスク運営の実効性を高めるためのしくみです。K元校長はこのように語られました。「コミュニティ・スクールという新しい制度を導入するとなるとどうしても先生方が負担感を感じてしまいます。そこで先生方を前向きに参画させるために、先生方があまり意識していなかったこれまでの地域連携活動の実態を把握したうえでこれからの生徒にとって必要なものとそうでないものを峻別し、ブラッシュアップしたものをプロジェクト部会で立案します。それを地域の方も交えて企画推進委員会で検討。そして練り上げられたものを学校運営協議会に提案するという、ボトムアップで企画を実現させていくというスタイルを編み出したのです。まさに、教職員のやる気を引き出すための戦略がこの三層構造に込められていたのです。

## (二) 学校経営はキャンバスに絵を描くようなもの

I元校長は、現在の光市教育長です。K元校長の後任として平成二六年に浅江中に着任。退職までの六年間を勤め上げられました。

「学校経営はね、大きな画面に絵を描くイメージなの」この言葉を聞いた瞬間、私の頭の中には大きなキャンバスに幾重にも色が塗り重ねられた油絵が思い浮かびました。構図を思い描くのは校長です。そしてどのような色を重ねるかも校長次第です。凹凸がはっきり分かるほど分厚く色を置くこともできれば、薄く溶いた絵の具で全体を覆うこともできます。でも、一つ言えることは、どんなに自分で色を重ねたつもりでも、その下地は必ず画面に影響を与えるということです。下地の色と、新たに乗せた色が重なって観る人の目に届く―。これまで積み上げてきたコミスクとしての歴史を踏まえて、さらに新たなコミスクとしての取組を付け加え、時に見直しを図っていきます。浅江中という一枚のキャンバスを校長から校長へと連綿と引継ぎながら、よりよい作品を創り上げていくのです。もちろん作品がよりよいものとなったかどうかを判断するのは、常に作品の制作過程を近くで見続け時に手助けをしてくれる生徒、保護者そして地域の方々です。

## ○最初のクリーン光大作戦で

七月最初の日曜日、毎年恒例のクリーン光大作戦が実施されました。このイベントは約半世紀続く環境保全活動で、全市をあげて取り組む光市民にとっての一大イベントです。私も光市民の一人として自治会の活動に毎年参加しているのですが、年々中学生の参加者が増えており、「徐々にコミスクの効果が出始めているな」とちょっと誇らしい気持ちになっていました。

ところが、浅江地区のクリーン光大作戦はひと味違っていました。ボランティアの区割りの中に、「浅江中」担当区域が存在しているのです。あたかも学校行事です。また、地域の活動なのに、全く地域の方々の姿が見えません。浅江中としての区割りがしてあるので、地域の方が浅江中の割り当て区域に来る必要がないのです。

せっかく同じ時間帯にたくさんの地域の方が清掃活動に取り組んでいるにもかかわらず、地域の方と触れ合い一緒に汗を流す場面がないのは実にもったいない。しかも、学校行事と同様に、学年単位で教員が生徒に指示を出し、安全管理を行っています。ボランティアであるにもかかわらず…。

学校単位で活動しているので勘違いしやすいのですが、クリーン光大作戦はあくまで地域の清掃活動です。地域ベースで考えると、浅江地区の清掃活動ボランティアのために、市内の他地区に住んでいる教員や、他市に住んでいる教員が駆り出されていることになります。かく言う私自身も、自分が居住している地区の活動に参加することができなかった一人です。これまでは浅江中だから仕方がないで通用してきたのかもしれませんが、毎年の人事異動で教職員はどんどん変わっていきますし、働き方改革も進めなければならないという現状の中で、果たしてこのやり方に持続可能性があるのだろうかと一抹の不安が頭をよぎりました。

今年度本校に転勤してきた教員からも、「生徒たちは中学校を卒業した後、一市民としてこの活動に参加しようと思うかな」「やっぱりボランティアの基本は、自主性」「いくら意味のある活動でも、強制参加では生徒の主体性は育まれない」「学校の仕事は目の前の労働力の供給ではなく、将来にわたって地域貢献しようとする郷土愛を育むこと」等々、ぽつりぽつりとこのような声が聞こえてきました。「来年度のクリーン光大作戦はこのままじゃまずいよな」と思いながらも、私の頭を過ぎったのは、半年後に迫った「松林保全ボランティアをどうするか」でした。

## ◯松林保全ボランティア

松林保全ボランティアは、虹ケ浜沿いに広がる松林の環境保全活動で毎年一月末の土曜日に実施されます。例年一、二年生のほぼ全員が参加し、寒風に耐えながら黙々と松葉や朽ちた枝を集めるという恒例の行事です。年の瀬が迫った十二月二七日に開催された企画推進委員会で、一月末に予定されている松林保全ボランティアの運営方法について協議されました。ここでプロジェクト部会で検討された新しい試みが提案されました。それは、「全員強制参加をやめて、参加するかどうかは生徒の自主性に任せる」というものです。企画推進委員会は、教職員、保護者、地域住民、卒業生そして生徒代表によって構成されています。各委員からは前向きな変化と受け止めた意見が出され、原案通り承認されました。

そして、年が明けた一月一三日。いよいよ学校運営協議会です。外の寒さとは打って変わって、熱い議論が交わされました。以下、議事録からその様子を再現します。

まず校長から、松林保全ボランティアの見直しについて提案。

校長「学校と地域が連携して行うボランティア活動については、目的を明確にし、地域と学校で必要性を共有することが大切です。松林保全ボランティアについては、これまでやっていたから同じようにやるではなくて、生徒に自主的に行動する力を付け、地域への愛着を高めることを目指して実施したいのです。」

これに真っ先に反応したのが、協働活動推進員を兼ねているK委員。

K委員「松林保全ボランティアについて、学校と地域に意識のずれがあると思っていました。校長先生が年頭のあいさつにボランティアについての話を出しているのを聞いて、学校の想いが届きました。感動しました。」

つぎに地域コーディネーターのS委員が口を開きました。

S委員「ボランティアなのに虹ケ浜の清掃活動を強制させてやっていました。ただ、完全にボランティアにすると誰も参加しなくなると思います。」

続けて同じく地域コーディネーターのT委員。

「主となる団体を明確にして、その団体が責任をもって運営するべきです。そもそも個としてのボランティアなのでしょうか、学校としてのボランティアなのでしょうか」

これを受けて、ボランティアの主体は学校なのか地域なのかという議論になっていきました。

K委員「生徒を出すからには先生が行く必要があります。が、いずれは先生はなしにしたい。やってみて気づくことがある、行ってみて気づくことがあるのですから、ぜひ全員に経験させてあげたいのです。」

T委員「子どもをあてにしているので、来てもらえる雰囲気づくりをしていきましょう。地域の想いを教員が聞いて、生徒に伝える必要があります。生徒に『あなたが必要なんだ』と地域から求められていることを伝えてほしいと思います。」

議論は次第に熱を帯びていきます。理念に関わる話題と、運用面の課題とが交錯しながら、徐々に話題はテクニカルな話になっていきます。そんな中、あさなえJネット会長のMさんが部屋中に響き渡る声で一喝。

M会長「虹ケ浜は浅江の誇りだ！」

一瞬の沈黙。原点はそこか。頭をガツンとやられた気分でした。ここにいる委員は何十年も虹ケ浜に関わり続けている人たちです。それに引き換え、わたしは虹ケ浜のことを何も知らないでここに座っています。わかった気になって議論に参加していた自分が急に恥ずかしくなりました。

一時間余り熱い議論が繰り広げられましたが、最終的には、大人になったときに多くの若者が地元を離れるという現状を踏まえて、中学校を卒業した後も地域のために進んで汗を流そうとする子どもを一人でも多く育てるにはどちらの方法が効果的かという視点から、自主性を育てることを意図した地域主体のボランティアに移行することについて合意が得られました。

閉会のあいさつを司会から振られたわたしは、どう議論を総括しようかと一瞬迷いましたが、口をついてでたのは自分でも意外な言葉でした。

「この話し合いを生徒に見せたかった。」

第三回あさなえJネット学校運営協議会は、にこやかな笑顔で一人一人が気持ちよく自分の意見を言って予定の時間になったらオープンエンドで終了、ではありませんでした。地域の大人が学校運営の当事者であるという重責を受け止め、自分の発言に責任を持ちながら地域の子どもを伸ばすために真顔で議論する緊張感がそこにありました。とてもではありませんが部外者が安易に口を挟む隙などありません。これが成熟した学校運営協議会の姿。会議が終わって委員の方を見送るために廊下に出た際のひんやりとした空気が心地よく感じられました。

翌週、早速週末のボランティアに向けて始動。給食時間に、浅江コミュニティ協議会環境部のFさんにボランティア参加の呼びかけをしていただきました。また虹ケ浜を管理する県庁の方に来ていただき、なぜ松林に人の手をかけて保全する必要があるのかを説明していただきました。最終的に参加を表明した生徒は一、二年生の約半数とどうしてもやりたいと手を挙げた元生徒会執行部を中心とした三年生の合計百二九名。一番寒い時期に、海風が吹き付ける松林で松葉かきをすることを選んだ生徒がこれだけ出てきたのです。「地域の担い手」育成の新たな一歩が踏み出された瞬間でした。

## ○小中合同松林保全活動

### (一) 小中一貫＋地域連携＋ＰＴＡ

夏休みが明け、小学校の五、六年部と中学校一年部の教員が松林保全活動を軸とした合同の総合的な学習の時間を実施するための打ち合わせの場を持ちました。当初中学生の動きとしては、事前の探究活動は授業の中で行い、当日はボランティア参加という構想でしたが、具体的な検討を進める中で、「やっぱり一年生も授業日にした方がいいな」という意見が出ました。

報告を受けた校長としては柔軟に判断し、即了承。小五、小六、中一が授業日、中二、中三がボランティアという参加の枠組みが固まりました。これにボランティア参加の地域住民と、小五、小六の保護者がPTA活動として加わります。教育課程に位置づけられた授業と地域主体のボランティア、そしてPTA活動のハイブリッド型の環境保全活動です。

四百人近くの児童生徒が時に中学校の体育館、時に小学校の体育館に会し、縦割りによる四八の小グループに分かれて、保全活動に向けた話し合いを実施しました。各グループの話し合いのリーダーは中学一年生です。目の前に広がる「区切りの併用と立場の転換」による学びの姿。体育館中で繰り広げられる、真剣かつにこやかな話し合いの光景。「この場が持てただけで

も価値がありますね」と小学校のW校長と言葉を交わしました。

二、三年生は、完全ボランティアです。ボランティア募集の呼びかけと事前指導は、コミュニティ協議会環境部長のFさんにお願いしました。集まった二、三年生は総勢六〇名。一年生を除いた数で比較すると、前年並みの参加人数です。虹ケ浜保全ボランティアは、コミスクの基本プランの一つに位置付けられており、担当教員も配置されています。事前指導ではまず、担当教員が活動の概要について説明します。これに続けて、環境部長のFさんが、詳細を説明してくださいます。さらに、今回授業の一環として取り組む中学一年生の担当教員が、小五、小六と中学一年生の動きについて説明します。中学一年生がリーダーであることを踏まえて中学二、三年生が活動するように、意識づけを行いました。時間にして十分程度でしたが、今回の松林保全ボランティアが、コミスクの活動であり、地域連携の活動であり、且つ小中一貫カリキュラムと関連した活動であることを象徴したシーンでした。

しかし、思わぬところに落とし穴がありました。年の瀬が迫ったころ、学校教育課長が急遽来校し、心配そうな表情で「浅江中は地域とうまくいってないのか」と切り出しました。寝耳に水とはこのことです。色々と思い出そうとしてみますが、なかなか思い当たる節がありません。確かに学校運営協議会で地域の方と激論を交わしたこともありましたが、それは浅江の子どものためにという願いを共有した上での前向きな衝突であったはずです。地域の代表者との合意形成には抜かりがありませんでした。

よくよく聞いてみると実際に地域の活動をおぜん立てするコミュニティ協議会の事務局に、十分に情報が伝わっていなかったのです。今年度は小中合同の開催となり従来の何倍もの参加者となります。どのくらいの道具が必要なのか、パッカー車を何台手配すればいいのか等々について、学校側から事務局に話が通っていませんでした。地域連携の基礎・基本は地域との日常的なコミュニケーションです。これ以降、コミュニティセンター事務局とのやり取りは、機会をとらえて電話を入れたり、足を運んだりするようにしました。

㈡ 景観が変わった

一月二八日、日曜日の朝、少々曇り空の虹ケ浜。八時ごろ現地に着くと、すでにパッカー車が二台スタンバイ。現地集合の中学生に、小学校の教員に引率された五、六年生が合流。さらに地域の方、小学生の保護者が加わり総勢約六百名が松林に集合しました。

昨年度の五倍近い人数です。最初に地域の方から全体説明があった後、早速活動開始です。清掃区域は例年の約三倍。四十八班の縦割りグループは中学一年生の誘導でそれぞれの割り当て区域に移動し大きなビニール袋に松葉を集める作業に取りかかりました。二、三年生のボランティアは、児童生徒の活動を見守りながら、ビニール袋に入れると穴をあけてしまうような大きな枝を回収し直接パッカー車へ入れていきます。

保護者や地域の方は児童生徒の活動を奪わないように手助けをします。学校ではなかなか体験できないリーダーとしての役割を与えられた中学一年生は、小学生に目配りをしながら、「松葉が残ってるからこっちに来て!」「入れやすいように袋の口を持って!」「重たいから一緒に運ぼう!」と、場に応じて必要な声を掛けています。小学生は、先輩と一緒という安心感を感じながら、いつもと違う体験にワクワク感がとまらない様子です。

わたしは、僅か一時間余りの活動で集まった松葉を目の前にして「すごい」、そして視線を上げ松林を見渡し思わず「景観が変わった」とつぶやいてしまいました。「松林保全ボランティアをどうしよう」から始まった一年あまりの試行錯誤でしたが、振り返ってみると、カリキュラム

編成の責任者であるわたしにとって、小中一貫・地域連携カリキュラムをつくるためのカリキュラム・マネジメントとはこういうことかもしれないという手がかりを得た貴重なＯＪＴであったように思います。

浅江中は「地域とともにある学校」の先進校として注目されてきたのですが、実は「学校を核とした地域」の先進地域でした。「核」となるものは、地域の担い手を育成することを意図した「学校教育」であり、「地域」とは、「地域の担い手」を育てるために、学校教育の取組を理解して地域の中に地域主体の学びの機会を生み出す地域です。浅江地域は「学校教育を核としながら、地域主体の学びの場がある地域」です。そんな地域にある学校だからこそ、浅江中は校長が変わってもびくともしない学校なのです。

（吉岡　智昭）

コラム

## 浅江中学校の奇跡

「浅江中コミュニティ・スクールの経営者は、誰ですか。」と誰に尋ねても、「校長先生です」との答えが返ってくるそうです。学校に対する地域コミュニティのもつ影響力がどれだけ強力になっても、です。明確なリーダーの存在があっての浅江中だと痛感します。その秘訣は、歴代校長による経営者としてのリーダーシップにありました。

・子どもを一番近くで見守っている教職員のささやきを拾い上げ、地域の方と一緒になって大きな声にしていく。その後、本当にやるべきことを決定・実行できるようにする仕組み作りに、リーダーシップを発揮したK校長。

・歴代の関係者が、築き上げてきた考え方や営みを尊重し、大事なことは確実に受け継ぐ。その上で、子どもや地域の現状を見極め、学校と地域が合意形成を図り、本当にやるべきことを確実にやり切ることにリーダーシップを発揮したI校長。

・地域の大人が学校運営の重責を受け止め、子どもを伸ばすために真顔で議論する緊張感のある学校運営協議会を組織する。そのために、言うべきことは言い、発言の真意を聴き取ることに注力するなど、自分の発言に責任をもった者同士による成熟した組織づくりにリーダーシップを発揮した吉岡校長。

一方で、山口県内には、様々な課題もあります。例えば、「学校運営協議会からの要望が増えるばかりで、対応が難しい」「学校に言いたいことがあっても、働き方改革が気になって、切り出せない」など、読者の皆さんの学校や地域でも、同様の悩みを抱えているかもしれません。

しかし、です。ここに取り上げたような強い信念に基づく経営が適切になされれば、種々の課題解決の糸口が掴めます。ただし、強い指示を一方的に出すだけでは人は動きません。志の高い吉岡校長であっても、「自分が急に恥ずかしく」なったり、「思わぬところに落とし穴があった」と振り返ったりするなど試行錯誤を重ね、場面や相手に応じた柔軟な対応をしています。

そして、「地域の担い手を育成することを意図した学校教育」を核とし、「地域主体の学びの場がある地域」づくりを心から信じ続け、実現に向けて行動することの大切さを説いていきます。学校のリーダーである校長が、周囲の意見を傾聴しながら、コミスクの全構成員がやりがいをもって責任ある言動を貫けるよう、信念と熱意の共有に徹するのが浅江流なのです。

そういえば、元浅江中のA教諭が、誇らしげにこんな話をしてくれました。

「地域の方が、笑顔で言われるんですよ。『C君が、T高校に行ってぶち勉強がんばっちょるらしいね。あの子が小二の時、九九のプリントに丸付けしたのを思い出すよ』って。中学校教員でも知らない子どもの姿を、地域の人がうれしそうに語れる学校って、他にありますか？」

## 5 多様な人とのつながりの中で児童生徒の資質・能力を育む学校
## 【防府市立華浦小学校・防府市立桑山中学校】

### ○先人の思いを大切につなぐ

令和三年四月、華浦小学校に校長として着任し、年度初めの職員会議資料に目を通していた私は、「学年の次に書いてある、この『部』という字は何ですか。」

と教頭に尋ねました。「一年一部」とか「一年二部」というように、学年の次に書いてある文字としてはあまり見慣れない「部」という漢字に目が留まったのです。教頭は、

「それは『組』と同じ意味です。華浦小は、昔から学級のことを『組』ではなく『部』と呼ぶんです。」

と答えました。続けて私が、

「この『洗心の日』というのは何ですか。」

と尋ねると、

「『洗心の日』は、華浦小の前身とされる越氏塾の河野養哲先生の『洗心の教え』について学ぶ日です。校長先生が、子どもたちに講話をすることになっているのでよろしくお願いします。」

と教頭は答えました。私は、心の中で（「部」とか「洗心の日」とか、初めてだなあ。）とつぶやいていました。

慌ただしく春休みは過ぎ、入学式が行われる日を迎えました。式が始まる前に、学校運営協議会のAさんと、校長室でいろいろな話をしました。地元の自治会長を務めておられ、華浦小学校の卒業生でもあるAさんは、

「校長先生、華浦小は日本で一番古い小学校なんよ。なんといっても、華浦小の前身は、江戸時代に河野養哲先生が作られた越氏塾やからね。洗心の教え『清く、正しく、根気強く』は、ずっと心に刻まれちょるんよ。今の子どもたちにも大切にしてもらいたいね。」

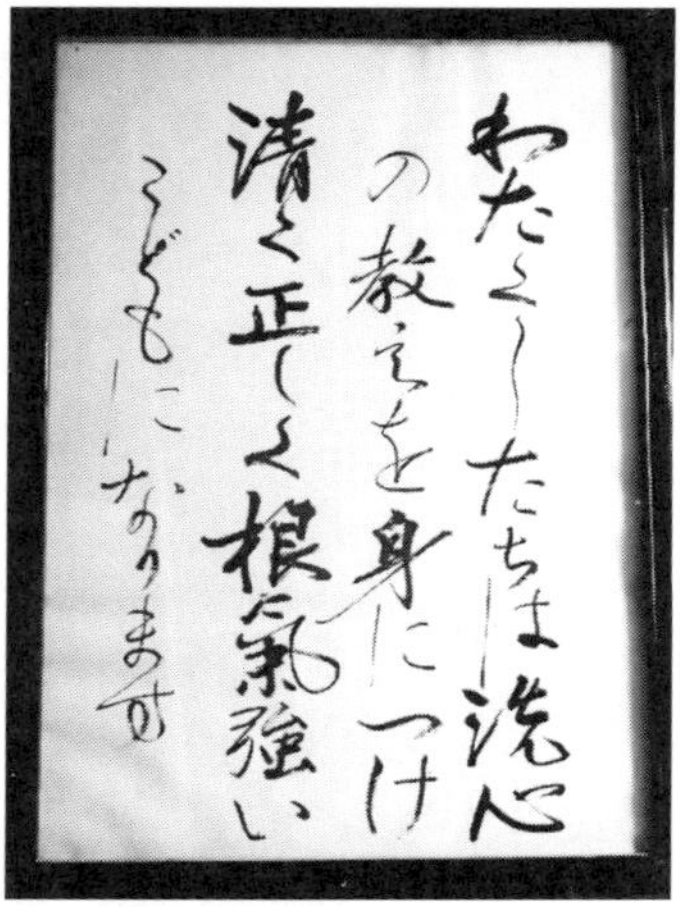


と話されました。私は、学級のことを「部」と呼ぶことも聞いてみました。Aさんは、

「私たちが小学生の頃から、『部』と呼んでたなあ。いつからそうなのか、私もよくわからんけど、華浦小が

今でも『部』を使っているのは、伝統を大切に守り続けてくれている気がしてうれしいよ。」と話されました。その後もAさんは、小学校時代の様々な思い出を語ってくれました。

私は、Aさんが華浦小学校のことを心から愛しておられるのだと感じ、このコミュニティ・スクールを学校運営協議会の皆さんと一緒に経営していこうという覚悟を決めました。また、ずっと以前から先人の思いを大切に受け継いできた学校の伝統を絶やすことなく、次の世代に引き継いでいくための「学校・地域連携カリキュラム」の改善にも思いが及んでいきました。

## ○地域の方とともに学校行事を創る

華浦小学校では、毎年一〇月に「華浦ウォークラリー」という学校行事を行います。一年生から六年生の児童が学年縦割りの班を作り、班のメンバーと助け合いながら学校から五〇〇メートルほど離れた桑山（標高一〇七メートル）に設けたチェックポイントを歩くという行事です。

この伝統的な行事を、地域とともに育て上げ、未来に残していくには、どうすべきかと考えた私は、教頭と一緒に学校運営協議会の委員の皆さんに相談しました。

「Aさんの愛校心にも負けないほどの強い気持ちを子どもたちに育みたい。さらに、子どもたちが華浦地域全体を愛する『地域の担い手』として成長してほしい。どうか皆さんの力を貸していただきたい。」

と、華浦ウォークラリーの改善に向けた意見を求めたのです。その結果、「全校児童がウォークラリーを行うためにせっかく学校から桑山まで移動するのだから、津波対応の避難訓練と合わせて実施しよう」ということでまとまりました。とはいえ、教職員の中には「全校児童が一斉に移動するとなると、移動途中の安全確保を万全にするのは難しいのではないか」という意見もありました。それもそのはず、学校周辺の道路は、道幅が狭いところも多い上に、交通量も割と多く、事故の不安が簡単に払拭できるような環境とは言えなかったからです。

そこで、毎朝、交差点や横断歩道に立っていただいている地域の「見守り隊」のKさんに学校運営協議会の委員さんが相談してくれることになりました。すると、Kさんは、

「そりゃあ、子どもたちのために喜んで協力するよ。何人ぐらい必要になるかね。それから、もし本当に避難しなくちゃならない時は、地域の防災士が助けてくれるはずだから、防災士の人にも声をかけてみよう。」

と、避難訓練の際の交通安全指導を快く引き受けてくださいました。さらには、学校から桑山までの避難ルートのどの場所に見守り隊の方や防災士の方が立たれるのかを打合せして決める手はずまで整えてくださったのです。

さらに、避難訓練に協力してくださる地域の方が、ウォークラリーを行う際には、チェックポイントで華浦地域の自然や歴史を題材にしたクイズを子どもたちに出題するという役割も引き受けてくださることになりました。

信頼できる大人の意気込みを感じた子どもたちも黙ってはいません。児童会を中心にウォークラリーのめあてを考え、「清く＝班で協力して活動できる」「正しく＝華浦地域のよいところを見つける」「根気強く＝安全に気をつけて、最後まで活動できる」と自分たちで決めていきました。実は、ここでも「洗心の教え『清く、正しく、根気強く』」が登場します。私は、県のコミスクにおいてキャッチフレーズにもなっている「人は人を浴びて人になる」という言葉を思い起こしました。正に、子どもたちが学校の伝統を大切にしながら行事を創っていこうとしている原動力は、伝統行事の準備に奔走する大人の姿だったのです。私は、校長として大変うれしく感じ、「学校・地域連携カリキュラム」に詳細まで記して数十年後まで残していこうと考えました。

当日、まず初めに行うのは、津波対応の避難訓練です。全校児童が運動場に集合し、学級ごとに桑山の中腹にある広場まで移動します。移動途中の曲がり角や交差点には、見守り隊の方や防災士の方が立っておられ、子どもたちを見守ってくださいました。

「ちょっと急いで歩くんよ。でも、転ばんように気をつけてね。」

「ありがとうございます。」

といった会話が、あちらこちらから聞こえてきました。

　全校児童の移動が無事完了した後、今度は縦割り班に分かれてウォークラリーの開始です。チェックポイントでは、クイズを出題される地域の方のまわりに子どもたちが集まって、

「このクイズの答え、わかるかな。ヒントを出しちゃろうか。」

「いや、もう少し考えるから待って。」

などと、お互いに笑顔でやり取りしていました。

　すべての班がゴールし、ウォークラリーが終わった後、地域の方は、

「朝、子どもたちといつも挨拶を交わしているけど、今日は、たくさん話ができて楽しかった。」

と、満足気に話されました。

　このように、多くの地域の方々の協力を得て、避難訓練とウォークラリーという学校行事を無事に実施することができました。子どもたちは、自分たちのために汗をかき頑張る地域の

方々の姿にふれて、改めて地域の方々の温かさや地域のよさを感じることができたと思います。

## ○学校が地域の方の居場所になる

「校長先生、なかなか上手ですね。」

「そうですか、ありがとうございます。花を生けていると無心になれますね。」

令和四年四月、私は華浦小の卒業生の多くが進学する桑山中学校に、校長として着任しました。桑山中学校では、毎週火曜日に地域の方のボランティアによる「花飾りプロジェクト」という活動が行われています。生徒たちが気持ちよく学校生活を送ることができるように、学校を潤いのある環境にすることを目的とする活動で、通称「花プロ」と呼ばれています。午前一〇時ごろから一〇数名の地域の方が集まり、一時間ほどかけて、時に生徒と一緒に花瓶に花を生けていきます。

「ここには何色の花があるといいですか。この花がちょうどいいんじゃないかな。」

などと、生徒と地域の方は楽しそうに言葉を交わしながら作業を進めていきます。そして、すべての花瓶に花を生け終わると、生徒と地域の方が力を合わせて、学校の玄関や生徒昇降口、教室、トイレなどに置いて回ります。学校の至る所に花が飾られると、やはり心が癒されます。

また、七夕やハロウィン、クリスマスなどの季節の行事が近づくと、その行事に合わせた飾り付けが準備されます。例えば、七夕のときには、長さ四メートルほどの大きな竹を三本、生徒昇降口に設置して、地域の方や生徒が協力しながら色紙で作った星や提灯などの飾りを付けていきます。こうして、七夕飾りが完成すると、全校生徒に短冊が配られ、一人ひとりが自分の願い事を短冊に書いて笹の葉に結び付けていくのです。

花プロメンバーのMさんは、七夕のときには大きな竹、ハロウィンのときには大きなカボチャなどを準備してくださります。Mさんは、学校運営協議会の委員も務められていて、いつも学校のこと、生徒のことを応援してくださる方です。

「七夕の短冊に書かれてある願い事を読むと、生徒がいろいろな思いをもっていることがわかりますね。生徒たちが笑顔で七夕飾りを見上げている姿を見ると、私もうれしくなります。」

と話されていました。

ある日の花プロのとき、私は花プロメンバーのYさんに、

「Yさん、花プロのみなさんに卒業式のステージに飾る花を生けてもらえませんか。」

とお願いしてみました。Yさんは、少し戸惑ったような表情で、

「ステージに飾るとなると、結構大きな花瓶になりますよね。私たちにできるかどうか、ちょっと心配です。」と言われましたが、「私も協力する」という他のメンバーの後押しもいただきながら、「やってみましょう」と引き受けてくださることになりました。

卒業式の前日、花プロのメンバー数名とお手伝いとして華道部の生徒が体育館に集まり、大きな花瓶に花を生けていきました。花プロのみなさんは、いつもの作業とは勝手が違い苦労されていましたが、作業が終わり、ステージの下から生け花を眺められたとき、満足気な表情をしておられました。Yさんは、「子どもたちと一緒に花を生けたり、おしゃべりしたりすると元気がもらえるんです。子どもたちから、ありがとうございますと声をかけられることもあって、やりがいも感じます。それに、花を生け終わった後、花プロのみんなとわいわい雑談するのがなにより楽しくて、また来週もがんばろうという気持ちになります。」と話されました。Yさんにとっては、花プロを通じて、学校が仲間とくつろげる居場所になっているのだと思います。

華浦小学校で、学校と地域のつながりの強さを実感してきた私は、小中九年間を通じた「学校・地域一貫カリキュラム」を作ることを模索していました。小学校から子どもたちと一緒に中学校に進むことができたことを、連携カリキュラムから一貫カリキュラムに充実させることで地域への恩返しにしようと考えていたのです。桑山中学校の花プロは、一貫カリキュラムの取組の一つとして大変価値のある取組だと確信した私は、私の後任として華浦小学校に着任したK校長に花プロの様子を見に来てもらいました。花プロメンバーの方々が生き生きと活動されている姿を目の当たりにしたK校長は、「ぜひ小学校でもやりたい」と言われました。そこで、花プロメンバーの方と、当時、華浦小学校から山口大学教職大学院に研修派遣されていたW教諭に働きかけ、小学校での花プロ実施に向けた準備を進めました。こうして、華浦小学校においても令和五年度から「お華飾りプロジェクト」がスタートしたのです。

これからの時代の学校には、信頼できる大人が日常的に在中し、子どもとかかわり合うことのできる環境を整えることが必要です。子どもにとってゆるやかにかかわれる斜めの関係性をつくってくれるのは、地域の方にしかできない役割だと言っても過言ではありません。そこで、花プロのように、地域の様々な大人が学校に集まる場所を設けることが重要です。その場所は、大人が子どもとかかわり合う場所となるだけでなく、大人同士がかかわり合うことができる居場所ともなるのです。

## ○多様な世代が学び合い、育ち合う拠点となる学校をめざして

「桑山中学校で、中学生と乳幼児とがふれ合う体験活動を行っていただけませんか。」

令和五年二月のある日、防府市教育委員会生涯学習課のNさんと防府市市民活動支援センターのEさんから依頼がありました。新型コロナウイルスの感染状況が落ち着いてきた中、生徒と地域の方とが直接ふれ合うことができる場を増やしたいと考えていた私は、

「乳幼児とのふれあい体験を契機に、本校の和室や多目的室を利用して『子育てひろば』をひらきませんか。」

と切り出しました。私からの突然の提案に対して、

「校長先生、いいですね。私も『子育てひろば』をやりたいです。」

と、NさんもEさんも前のめりになりました。

中学生と乳幼児とのふれあい体験は、本校の家庭科教員とNさん、Eさんとの間で四月の終わり頃から打合せを始め、第三学年（六学級）家庭科の授業として、一〇月から一一月にかけて二学級ずつ、計三回実施する計画を立てていきました。その間に、防府市家庭教育支援チームから桑山中学校専属の家庭教育支援チーム「くわのこ」が結成され、ふれあい体験実施に向けた準備に加わりました。この「くわのこ」の結成と活動が円滑に進められたのは、学校運営協議会委員

の〇さんの存在も大きかったと思います。〇さんは、Eさんと同じく防府市市民活動支援センターに勤めておられたからです。乳幼児とその保護者の方を学校に集めるということを、学校単独で行うということは極めて難しく、行政支援無くして実現しなかったことだと思います。

「くわのこ」のメンバーで、他の学校で乳幼児ふれあい体験の運営経験があるKさんは、「校長先生、桑山中で乳幼児ふれあい体験ができるなんて夢のようです。楽しみで楽しみでしかたありません。」

と意気込みも強く、その経験を存分に発揮されました。「くわのこ」のメンバーは、ふれあい体験参加者募集のチラシの作成や市内各所への配布、当日の運営の役割分担などを着々と進めていきました。また、当日の運営面でメンバーの手の足りないところは、本校のＰＴＡに補助スタッフとして協力を呼びかけられました。

こうして、一回目の中学生と乳幼児とのふれあい体験当日を迎えました。会場となった武道場には、約六〇名の生徒と一五組の親子、「くわのこ」のメンバーと補助スタッフのＰＴＡの方が集まりました。代表の生徒が全体であいさつをした後、生徒たちはグループに分かれ、グループごとにひと組の親子との交流を始めました。

乳幼児に手を振りながら話しかける生徒、おもちゃで遊んだり絵本の読み聞かせをしたりする生徒、まだ首が座っていない赤ちゃんを恐る恐る抱っこしている生徒など、さまざまな交流が見られました。乳幼児の保護者の方の中には、胎児のエコー写真を生徒に見せながら、妊娠中の様子を話してくださる方もいらっしゃいました。乳幼児とふれあう生徒からも、乳幼児とその保護者の方からも、自然と笑顔がこぼれていました。

補助スタッフとして参加されたＰＴＡのＳさんは、その光景を見ながら、

「生徒たちがみな、いい笑顔をしていますね。私が想像していた以上に、生徒は積極的に自分から話しかけていてすごいですね。今日は、少しお手伝いができればと気軽に参加したんですが、参加して本当によかったです。」

と話されました。

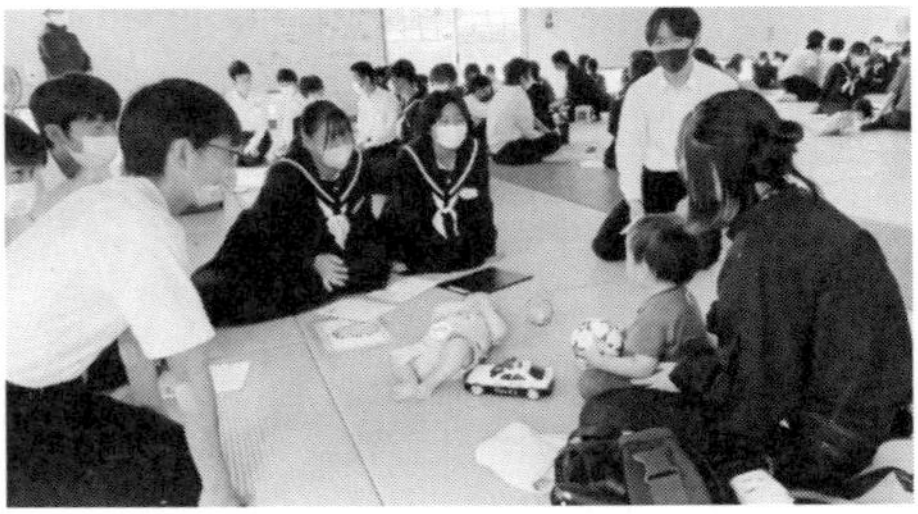

ふれあい体験を終えた生徒は、

「赤ちゃんを抱っこすると、やわらかくてすごく軽かった。赤ちゃんは、とても癒されるにおいがすると聞いていて、実際ににおってみたら、本当にいいにおいでした。」

と、興奮気味に話しました。赤ちゃんのやわらかさやにおいというのは、説明を聞いたり映像を見たりすることでは体感することができない経験です。

また、ある生徒は、

「子育てをするのは、自分の想像の倍以上、大変なことだと思いました。自分の親も、自分が生まれてから今まで、大変な思いをして育ててくれたんだと思いました。感謝の気持ちをわすれないようにしていきたいです。」

と、子育ての大変さや親への感謝の気持ちを話しました。

一方、乳幼児の保護者のみなさんは、

「とてもやさしく接してくれて、子どもが楽しそうでした。」

「中学生が子どもをたくさん褒めてくれて、私もうれしくなりました。」

「子育ての苦労を一生懸命聞いてくれました。ほかの保護者の方とも話ができてよかったです。」

などと話されていました。


この「乳幼児ふれあい体験」は、令和六年度には毎月一回、定期的に開催する「子育てひろば」へと発展します。そして、中学校での取組が充実してくれれば、その波紋は小学校へも広がり、あの「花飾りプロジェクト」のように、「学校・地域一貫カリキュラム」に位置付け

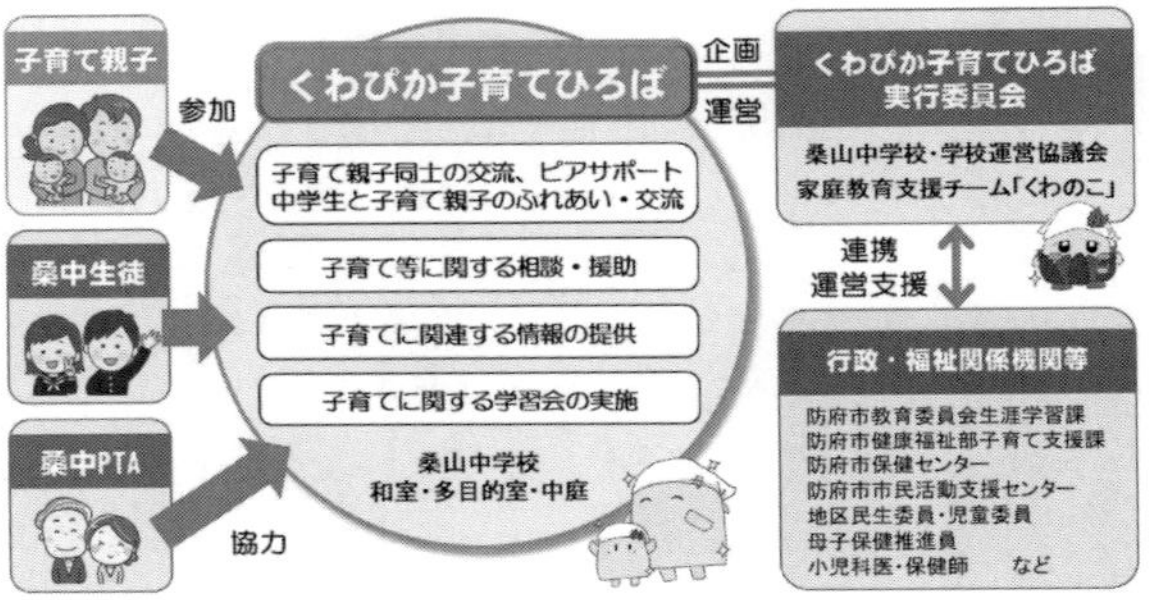


ることも可能になってくるでしょう。小・中学校が、子育てを軸として、生徒と保護者と地域住民が互いに学び合い、育ち合う拠点となるのです。やがては、小・中学生が親となり、乳幼児が小・中学生となって、ふれあい体験や子育てひろばで再び出会い交流する、そんな未来の姿を描いています。

（美作　健悟）

コラム

## 華浦小・桑山中の奇跡

防府市立華浦小学校の児童の多くは、桑山中学校に進学します。両校の距離は約一キロ離れており、徒歩で二〇分程度かかることから、日常的な交流は困難です。中学校籍の美作校長は、華浦小学校に着任。一年間の勤務を経て卒業生とともに桑山中学校長として新たなスタートを切ることになりました。中学校に長年勤務してきた美作校長は、小学校着任時には戸惑いもあったと言います。特に、中学三年生と小学一年生の発達の違いを目の当たりにし、使う言葉にはこれまで以上に自覚的になったと、後に話しています。しかし、それ以上に成果も感じていました。

華浦小学校では、地域の方と子どもたちの熟議を通じ「華浦ウォークラリー」と避難訓練をセットにした全校行事を実施しています。実は、この場面で美作校長は学校運営協議会委員の皆さんが子どもたちに発する言葉に驚かされたといいます。中でも卒業生でもあり、伝統を重んじるAさん。一見頑固そうで、近寄りがたい雰囲気だったのが、小学生に接するや否や別人になったかのように、物腰柔らかな笑顔あふれる対話者に変身します。まるで、優しいおじいちゃんと孫の微笑ましいふれあいの場面。子どもたちも日頃とは違った安心感や信頼感を得ている様子であり、かといって熟議の場では互いに敬語を使用するなど、一定の緊張感も保っていたそうです。

この校長の気付きは、「学校が地域の方の居場所になる」ための呼び水となっていきます。児童とともに桑山中に進み、最初に着手したのが学校運営協議会の会長さんをはじめMさんやYさんなど地域の方とのつながり作りでした。地域の方は、学校の役に立ちたい、未来を担う子どもたちとかかわりたいという思いをもってはいるものの、自分たちが学校に行くと授業の邪魔になるのではないかとか、昔ながらの厳かな雰囲気に馴染めるかなど、不安を感じている方もいることが分かってきます。そこで、華浦小学校運営協議会委員さんを中学校に招き、小学一年生がたくましい中学三年生に成長した姿を見てもらいます。その過程で、体が大きく成長した生徒でも、話してみると、素直さや明るさは小学生の時のままであることや、先生に接する時とは違って悩みを口にする子もいることなどを感じ取ってもらいます。

この機を捉え、さらに世代間交流を意図的・計画的に仕組んでいきます。しかし、学校と地域の連携や協働体制を強化していく上で、行政支援の必要性が課題であることが浮き彫りになります。するとすぐに、行政職員のNさんや家庭教育支援チームEさんとつながっていきます。

このように、学校運営協議会が核となり、個人的なつながりを、市役所や家庭教育支援チームなどの組織的なつながりへと導いているのです。美作校長の学校種を超えた広い視野と発想が、新たな関係づくりに生かされたのだと考えられます。校種や世代を超え、地域に開かれた学校運営協議会で、学校課題や地域課題の解決策について子どもと大人が真剣に熟議する。そんな場面が、多くの学校で当たり前に行われるようになることを願っています。

## 6 いい学校はいいまちにある、いいまちにはいい学校がある
～「いい学校づくり＝いいまちづくり」へのアプローチ～
【兵庫県明石市立松が丘小学校】

### ○「なんちゃってコミュニティ・スクール」

二〇一六年、校長として松が丘小学校に着任するにあたり、「コミュニティ・スクールモデル校の立ち上げ」と、「創立五〇周年行事の開催」という二つのミッションがありました。（※以下コミュニティ・スクールはコミスクと省略）

当時の私は、「コミスク」が努力義務化でそのうち学校に導入されるといった程度の認識で、「コミスクっていったい何やねん！」が正直な思いでした。

そこで頭に浮かんだのが、「なんちゃってコミスク」です。

松が丘小学校区では市内でもいち早く「松が丘小学校区まちづくり協

議会」が発足し、熱心に地域づくりに取り組まれ、学校の支援にも取り組まれていることを耳にしていました。

「地域のサポートもあるし、学校評議員会を学校運営協議会に名前を変えればコミスクになる。」と安易に考えていました。

これが私のコミスクとの出会いです。しかし、創立五〇周年の準備をする中で、また、校区ですすむ「まちづくり」に触れる中で、「なんちゃってコミスク」の考え方がだんだんと変わっていきました。

## ○学校の歴史を知り、地域のまちづくりに目を向ける

松が丘小学校が開校してからの五〇年は自分の生きてきた時代と重なります。それだけに、松が丘のまちの変化や学校の様子等をリアルに想像することができました。

また、開校当初からの学校日誌を読み返したり、地域の方から話を聞く中で、時代とともに変化していく学校や家庭、そして地域の様子がよりはっきり見えてきました。

開校時、各地から引っ越してきた住民の手で、白紙の状態からまちづくりが始まりました。そ

うした背景が見えてくると、「お寺や神社といった伝統的な人をつなぎ、人を育てる仕組がないまち」と地域の方からよくお聞きした言葉には重みが増してきました。

松が丘のまちでは、見知らぬ人が集まり、つながり、自分たちのまちを創り、自分たちの子どもが通う学校を創る、「自分たちのまちづくり＝自分たちの学校づくり」がすすめられたのです。その拠点となったのが学校です。そして、時間が立つにつれ、地域にも、学校にも無関心な層が徐々に生まれてきたことも見えてきました。まちづくりに関われた方々は今でも、地域や学校へ強い想いを持たれているのが伝わってきます。そうした想いを持った方々が、まちが変化してきた中で、改めてまちづくりに立ち上がられ、市内でもいち早く「松が丘小学校区まちづくり協議会」を立ち上げ、熱心に「地域の未来を見据えたコミュニティづくり」に取り組まれていることが見えてくることで、「地域の学校」としての学校の役割を私は考え始めました。

その中で私が持ったコミスクのイメージが次のフレーズです。

「いい学校は　いいまちにある

　いいまちには　いい学校がある

　　いい学校づくり＝いいまちづくり」

## ○脱「なんちゃってコミスク」

私のコミスクへの意識が変化し、コミスクに真剣に向き合うようになった頃、「コミュニティ・スクールは一九九六年の中央教育審議会答申から始まっている。」というアドバイスをいただきました。

そこで、「生きる力」が打ち出された一九九六年中教審答申と、今回の学習指導要領の前文も合わせて読み直してみました。

子供たちの教育は、単に学校だけに任せるだけではいけません。家庭や地域社会の教育力を高めながら、家庭や学校や地域社会が適切に役割分担を果たし、手を携えて子供の教育を行っていくことが重要です。

家庭や学校や地域社会の連携が重要です。

「生きる力」をはぐくむためには、子供たちが地域社会の中でいろいろな人たちと交流し、様々な生活体験、社会体験、自然体験を豊富に積み重ねることができるよう、みんなで努力していくことが大切です。

地域社会の大人一人一人が、地域の一員であるという気持ちを持ち、地域社会の活動を自主的に担っていくことが重要です。

社会全体に「ゆとり」を確保する中で、地域社会が、地域の大人たちが子供たちの成長を見守りつつ、時には厳しく鍛える場となることを期待します。


「生きる力」が打ち出されたのは今から三〇年近く前のことです。

〝「生きる力」を育むためには学校・地域・家庭の連携が重要です〟とはっきり書かれています。では、こうした「社会とつながり、多様な人との交流の中での学び」は今日までの間どうなっていたのでしょうか。もし、三〇年前にこうした学びの本質をしっかりと捉え、地域全体で子どもの「生きる力」を育む環境づくりが動き始めていたら、今の社会は変わっていのたではと考えるようになりました。

「生きる力」が世に出てからの約三〇年は私の教員生活と、どっぷり、たっぷり重なります。これを読み直した時、現場に大きな忘れ物をしてきたような想いが生まれてきました。その想いが私のコミスクに関わる原動力になっています。

コミスクに取り組むにあたって、まず、今の子どもたちの現状やその子どもたちを取り巻く社会の状況、そして、子どもたちが生きる未来を考え、「生きる力」の原点に戻って、もう一度「生きる力」について対話を始めることが必要だと考えます。対話の中で、「今、なぜコミスクなのか」が見えてくると考えています。

## ○松が丘小学校で動き始めたこと

コミスクへの自分自身の意識が変わる中、地域の方のこんな声を聞きました。

「学校って近くにあっても遠い存在」
「学校は敷居が高くて、中には入りにくいところ」
「地域の学校」と言いながら、学校と地域との距離を改めて痛感し、「このままでは」という危機感が大きくなりました。

「地域の学校」として、まず学校に関心を持ってもらうことが必要と考えました。

しかし、あれこれ考えていても何も始まらないので、学校運営協議会の委員さんに相談し、取り組み始めたのが次の三つです。

【取組一】として、子どもたちへの支援を整理しました。

コミスクの取組を始める前からの支援として

・一年生入学時の支援
・ブックママ、お話会
・スクールガード
・野菜等の栽培支援
・松っ子教室（放課後子どもの居場所づくりの一環）
・ビオトープの環境整備活動
新たに始めた活動として
・松っ子将棋教室（放課後子どもの居場所づくりの一環）
・松っ子レベルアップ学習教室（わくわく未来塾を活用した放課後補習教室）
コミスクの導入前からの支援と、新たな支援を整理したことで、「いつ、どこで、だれが、どんなねらいで」といったことがはっきりと教職員も知ることができ、地域からの支援のつながりををを意識することになったのではないかと思っています。

【取組二】として、大人の集まる仕組み、「大人も楽しむ学習広場」シリーズとして次のような教室をスタートさせました。
○大人も楽しむ折り紙教室
○大人も楽しむ書道教室

○大人も楽しむ外国語教室
○大人も楽しむ天文教室
○全国学力・学習状況調査に挑戦
○ホタル鑑賞会

これらは、地域の方から「学校の敷居は高い」、「子どもが卒業してから学校に入ったことがない」といったことを聞き、「学校に関心を向けてほしい」、「学校に足を運んでほしい」と考えたことがきっかけです。本来なら学校運営協議会でのしっかりと議論が必要なところですが、立ち上がったばかりの学校運営協議会の委員の皆さんから了解と協力を得ながら、「とりあえずやってみよう！」と泥縄式でのスタートでした。

果たして人が集まってくれるかと心配しながらのスタートでしたが、いざ始まってみると、

「○○さん？　久しぶり！　何十年ぶり？」

「子どもの卒業以来小学校に入った」

「頭の体操になる、折り紙教室が楽しみ」

といった地域の方が楽しみにされている声をたびたび耳にするようになりました。

だんだんと私自身の中に「地域の学校」のイメージが出来上がってきます。「学校は地域の大人の学びの拠点」ということです。また、地域の方だけでなく、教職員も、地域の支援で運営される「松っ子レベルアップ教室」や「松っ子教室」、そして「松っ子将棋教室」等に足を運び、地域の方と話す姿もよく見かけるようになりました。

また、「大人も楽しむ外国語教室」では、先生たちも参加し、自分たちの研修として講師を務めたりするなど、「大人の学び」に先生たちも参加するという動きが生まれてきました。

こんなふうに盛り上がり始めた「大人も楽しむ学習広場」もコロナが広がる中で休止になってしまいました。しかし、「人が集い、世代間の交流の場」として新たな「地域の学校」を創り上げる営みは続いていきます。それを後押ししたのが校内研究でした。

## ○研究が変われば、学校が変わる

そして、【取組三】の校内研究との融合です。

これまで校内研究といえば、教科の授業づくりが主流でした。「社会が変われば、学びも変わる」はずです。これからの時代の学校づくりや、子どもたちの「生きる力」を育む仕組みをつくる研究こそが大切です。実はそのことに先生たち自身が気付き始めていました。私が着任した年には、校内研究が算数科から体育科へと変わっていました。単なる「教科」の変更ではなく、子どもたちの「生きる力」に向き合う研究へと本質が変わるターニングポイントだったと考えています。

先生たちは、これまでの経験から、授業づくりに重点を置き、自分たちが目指す授業に近づこうとする研究のあり方に疑問を持ち始めていました。子どもを真ん中に置いて、子どもが主体的に活動できる授業を考える中で、いつの間にか研究のスタイルがワークショップ的な対話中心に変化していきました。そしてその対話のスタイルが、子ども同士の対話を中心とした授業づくりにつながっていきました。

そんな研究スタイルの変化の象徴が、六年生が卒業前に取組んだ「シンクロマット・最終章」という表現活動でした。

それは回転や側転など各自が得意な技を音楽に合わせながら、クラスで一つの作品を創り上げていこうというものです。子どもたちは自分たちの成長を表現するために、どんな構成にするか、それにはどんな曲がふさわしいかなど、まず教室で対話を重ねイメージを練り上げ、共有していきました。そして、体育の時間の全体での練習だけでなく、昼休み等休み時間を利用しながら、個々が自分の技をみがいていきました。そうした場でも、互いの技を見合いながら、アドバイスを交わす場面が普通になっていきました。そうした子どもたちを支えるために、学年を超えて子どもに付き添っている先生の姿を見た時、これが松が丘の学びの新しいスタイルになっていくことを確信しました。そして、完成した作品は保護者や地域のみなさんを招いて発表されました。保護者の方はもちろんですが、地域の方も保護者にみなさんに負けないくらい子どもたちの演技に感動されていました。

入学時以来、六年間子どもの成長を側で見守ってきただけに、子どもたちの成長を喜んでいただけたと思っています。

## ○地域を活かし　地域に生きる「ありがとう」でつながる学校・地域

二〇一九年四月、私の退職後、新たな校長のもとで、自走する教職員は、自走し始めた子どもたちの主体的な動きを「子どもの学び」と「地域とのつながり」に融合させる研究にシフトさせていきます。

シンクロマットの他にも六年生が修学旅行で学んだことを地域の方にプレゼンする機会など、地域の方を招待することが増えてきていきました。その中で、英語で松が丘のまちの好きなところを紹介したり、地域の方と松が丘の未来について話し合うといった、地域を意識した活動が積み重ねられていきました。こうした地域とつながった学びが発展し、子どもと地域の大人と保護者との対話「松が丘サミット」が立ち上がります。その柱は、子どもたちと地域の大人との地域課題についての対話です。子どもたちは、地域の現状から考えた地域貢献プロジェクトについて地域の方と対話し、実際に地域で貢献活動を実施していきました。

また、「楽学交祭《らくがくこうさい》」という地域の方と一緒に学校で楽しむお祭りも始まりました。これは児童会選挙に児童長候補として立候補した児童の公約です。先生たちは学校運営協議会と相談しながら、「楽学交祭」の実現に向け、子どもたちと対話を繰り返し、カリキュラムをデザインしていきました。「子どもたちを信じて、任せて、支える」先生方の姿勢と主体的に動く子どもたちが噛み合いながら、地域を活かし、地域に生きる新たな探究的な学びへとステップアップさせていったのです。「楽学交際」では、まちづくり協議会さんの出店も実現し、児童長の公約であった、子どもたちばかりでなく地域の皆さんも一緒に楽しむお祭りが実現しました。

こうした地域とつながった学びが動き始めた二〇二〇年にコロナがやってきました。

しかし、コロナ禍でも、地域とつながる活動やそれを支えるカリキュラムは進化し続けます。それを支えたのも子どもたちと地域の方との対話でした。

コロナ禍で一気にＩＣＴ環境が整い、「オンラインでの対話」が可能になりました。そうした「オンラインでの対話」と「密にならないように配慮した対面での対話」を組み合わせながら、子どもたちと地域の方々との対話がこれまで以上に行われていきました。

そうした地域の方との対話を重ねる中で、「コロナ禍だからこそ、この松が丘のまちには交流が必要だ」との考えが、対話の振り返りの中で子どもたちから生まれてきました。こうした対話の中で実感した子どもたちの危機感が、それまでの地域貢献型の松が丘プロジェクトを、学校に地域の方を呼び込み、楽しんでもらう交流型のプロジェクトへと変化させていきました。コロナで休止状態になっていた「大人も楽しむ学習広場」が、子どもたちの手で、交流型の松が丘プロジェクトとして生まれ変わります。コロナ禍で新たな「地域の学校」としてスタートを切ったのです。

さらに、二〇二一年には、〝「ありがとう」でつながる学校・地域〟をテーマに、地域とのつながりを全面に押し出し、「地域を活かし、地域に生きる学び」を創り出すカリキュラム・デザインへと研究がステップアップしていきます。

〝「ありがとう」でつながる学校・地域〟は、低学年では地域の方から大切にされていることに気付き、高学年になったときには、「ありがとう」と言われるようになりたいと思える「小学校六年間での子どもの成長ストーリー」として学びをデザインしたものです。

「ありがとう」と言われることで、自己有用感が高まり、卒業してからの地域に対する地域愛・郷土愛につながり、やがて地域・社会を支える人につながっていく子どもの将来の姿を考ています。松が丘小学校での六年間の子どもの成長ストーリーをベースにそれぞれの学年でデザインしたものが、各学年の「カリキュラム・マネジメントマップ」です。

各学年では、実践する中で「カリキュラム・マネジメントマップ」をその都度見直し、修正しながら地域とつながった学びを創りだしています。

そして二〇二二年からは、「松が丘いどばた会議」という、学校と保護者と地域の三者での対話がスタートしました。子どもの成長を中心に対話する中で、人がつながり、新たな学びのヒントを見つけたりと、子どもの学びを支える輪が広がってきています。

現在、松が丘小学校には「地域とつながった学び」を経験した卒業生がボランティアとして、戻り始めています。「いい学校づくり＝いいまちづくり」を目指して、未来に向けて撒いた種が芽を出し始めたと感じています。〝今〟だけに目を向けるのではなく、〝未来〟に目を向け、種を撒いていくのがコミスクなんだと感じています。

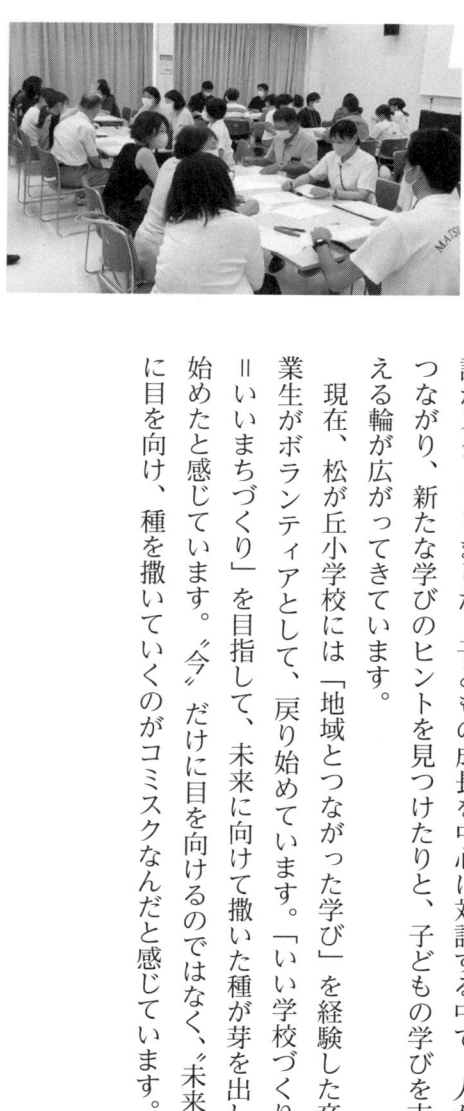

## ◯コミュニティ・スクールを支える明石の土壌・まちづくりの歴史

私が「なんちゃってコミスク」を思いついた背景には、各小学校区単位で進める「まちづくり」がありました。「いい学校づくり」も「いいまちづくり」も、「未来に向けて持続可能な社会づくり」であり、「個人と社会のウェルビーイング」を目指しています。その中でのコミスクは「未来を担う人を育てる」ために学校・地域・家庭をつなぐプラットフォームだと考えています。その「人」とは子どもたちだけでなく、もちろん大人も含まれます。ここ明石で取り組まれてきたまちづくりは、子どもたちを「地域の担い手」として育む大人の協働が一つの柱として動いていました。

一九七一年（昭和四六年）「人間優先の住みがいのあるコミュニティづくり」がスタートして、中学校区に地域住民の生涯学習の拠点となる中学校区コミュニティ・センターの設置が始まっています。また、二〇〇六年（平成一八年）には、「協働のまちづくり提言」を策定し、市民と市が共に考え、共に力を出し合いながら新しいまちづくりを目指していく「協働のまちづくり」の地域活動の拠点として市内全小学校区にコミュニティ・センターが設置されました。そして、二〇一〇年（平成二二年）に、明石市自治基本条例が施行され、①市民参画、②情報共有、③協働のまちづくりという、自治の基本三原則が打ち出されました。こうした地域コミュニティづくりの中で、「地域の子どもは地域で育てる」取組がすすめられてきたのです。

## ○「地域の子どもは地域で育てる」魚住小学校区では

各校区のまちづくりの取組のうち子どもへの関わりを、「学校への協力」から、「地域と学校の連携・協働」へと一歩すすめたのが魚住まちづくり協議会のアプローチです。

魚住まちづくり協議会は松が丘小学校区と同様に早くから「まちづくり計画書」を策定し、子どもたちが主役のまちづくりに取り組んできました。地域の子は地域で育てるという方針のもと「親子の自然体験教室」や「地域の歴史探訪教室」等地域の環境や歴史を学ぶ取組だけでなく、「くすのん文庫」の設置や、「みんなdeお勉強」といった「放課後の子どもの居場所づくり」にもコミスク導入前から取り組んできたのです。

そんな魚住まちづくり協議会の協力や独自の取組としてのレベルから、学校運営協議会として連携・協働へと一歩踏み出す

きっかけが、魚住まちづくり協議会が二〇二二年六月にスタートさせた、誰もが参加できる「くすのん広場」への子どもたちの参加でした。「くすのん広場」は二〇二一年秋に実施した「魚住小学校区・全住民対象アンケート」の結果から生まれた、みんなのやりたいことを新しい活動につなげていくため誰もが参加できる対話です。六年生「町の幸福論（東京書籍）」での出前講座とのつながりで、「くすのん広場」の案内を先生方に伝えていたところ、まちづくりに興味を持った子どもたちと先生が参加したのです。参加した子どもたちは、授業の中で考えた魚住のまちの課題やこれからの魚住のまちについて、地域の方と一緒に対話をおこないました。授業ではなく、まさしくリアルにこれからの地域づくりの対話を始めていくことになったのです。そうした対話が継続される中で、コロナ禍で休止状態だった「魚住まつり」を再開し、六年生も参加することで動き始めていきました。まつりの成功に向け、学校運営協議会の連携・協働が始まりました。その中で、六年生の先生方は「魚住まつり」に向けての学びのデザインとしてカリキュラム・マネジメントを推し進めていきます。これまで学校だけでデザインしていた教育課程を、学校運営協議会の中での対話により、「魚住のまちの教育課程」としてつくりあげたのです。まちづくりと学びづくりが融合した、コミスクならではの持続可能な「社会に開かれた教育課程」づくりが魚住小校区で始まっています。これは明石のコミュニティづくりとこれからの学びづくりが融合したコミスクの形だと思っています。

## ○学校運営協議会は湯守《ゆもり》

コミスクに取組み始めて八年、「いい学校づくり＝いいまちづくり」に取り組むことが、未来を創る人を育てることにつながっていると確信できるようになってきました。その中で学校運営協議会だけでなく学校運営協議会を拡大し、学校と保護者と地域で、子どもたちのことだけでなく、地域の課題、子育ての悩み等も交流され始めています。そうした対話が根付いていくと、学校運営協議会が対話から見えてきた課題を吸い上げ、人が育つ仕組を練る、戦略会議の場になっていくのではないかと思います。

また、林小学校では「HAYASHI井戸端会議」での対話から生まれた授業に、地域の方や保護者の方が参加し始めています。そして授業だけでなく、授業の後の検討会にも参加され、先生たちと一緒に子どもたちの学びをより良いものにしていくための対話が始まっています。こうした対話が、人が共に育つまちをつくっていくのだと考えます。

最近、こうした各校区での対話の様子を見ていると、コミス

クは「温泉」なのではと思えるのです。子どもも、大人も、「地域という温泉」に浸かっていると、さまざまな成分がじわじわと体にしみこみ、体質が改善されていくのではと感じています。その温泉の成分や温度を最適なものにしていくのが、学校運営協議会での対話、学校・地域・家庭等様々な立場の人を巻き込んだ対話だと考えています。

（北本　章）

コラム

## 松が丘小学校の奇跡

実は、この本『続 奇跡の学校』は、人口減少に対峙する自治体における、これからの時代の学校の在り方の羅針盤となることを目指しているのです。ところが、ここに登場する明石市は十一年連続で人口が増え続けている奇跡の自治体です。では、なぜ明石が登場するのですか？と聞きたくなりますよね。

明石の強さはどこにあるのでしょう。人が集まるまちには何らかの理由があるはずです。有名な市長さんのお力もあったのですか？　子育て施策が半端ないから？　おそらく人口減に悩む多くの自治体は、ここ明石の秘密を探るべく研究をされているのでしょうね。イーロンマスクの「このまま人口減少が進めば日本は消滅する」そんな脅し？もなんのそのです。しかし、北本校長先生は八年前に「これからはコミスクだ！　コミスクしかない」と強い決意でコミュニティ・スクールを立ち上げられました。立ち上げて一年が経過したころ、こんなことを地域の方から聞いたことがあります。「校長先生、来年もお習字教室はやってもらえますか」「みんなが集まるのが楽しみやねん」。松が丘小学校を地域の皆さんの憩いの場にできたらと「大人の学び」をはじめられたのです。参観日ではないけど地域の人が足しげく通ってくる学校を創りたい。「ここに来てくれる人たちは、絶対に学校の味方になってくれるはずや。」その後、味方の大人の皆さんは、荒れて手つかずの中庭の池をビオトープに変え蛍まで呼び込みます。さらに大人が集まる仕組みづくりだとして「折り紙教室」「天文教室」「外国語教室」などなど生涯学習の拠点として整えていくのです。こうやって、強い味方を手に入れられたのですね。こうなると子どもたちへの支援も充実します。ビオトープの清掃を担うのは「いきもの見守り隊」だそうです。各種環境整備は、皆さんお手のものです。子どもたちのお勉強には「赤ペンボランティア」がお出ましです。

そんなこんなでコロナを経て、令和六年八月。明石市CSフォーラムが開催された時のこと。「これからは、子どもを真ん中にしてまちづくりを考えなくては」まちづくり協議会のK事務局長さんのお言葉です。「子どもを真ん中に置いて」という言葉は、教員、学校の専門用語みたいなものです。おそらく多くの先生方がこの言葉に癒され、ある時は背筋を伸ばすことを促され、また様々な課題や問題を乗り越える時にも背中を押してくれたに違いありません。話が行き詰り前へ進めなくなった時「つべこべ言わず子どもを真ん中に置いて…」で動き出した経験も少なからずあるはずです。この言葉「虚心坦懐」で「腑に落ちる」魔法の言葉のようです。しかし、です。そんな言葉をまちづくり協議会の方からお聞きするとは。驚きなのです。

北本校長先生が「大人を巻き込んで学校づくり」そして、まちづくり協議会のK事務局長さんが「子どもを真ん中にしてまちづくり」わかりましたよ。明石市の強さと十一年連続の秘密が。人口減少に悩む、私たちの地方も「子どもを真ん中に置いて」を忘れてはだめですよね。

## 7 地域の思い・文化・リソースを〝つなぐ〟わくわくする コミュニティ・スクール【柳井市立柳東小学校】

柳井市立柳東小学校。

平成から令和に変わる二〇一九年に、私は校長として着任しました。当時、柳東小は、児童数二二四人の学校で、柳井市の海の玄関である柳井港の近くにあり、校区内にはＬＮＧ（液化天然ガス）を燃料とした発電所などがあります。また、古の歴史を物語る茶臼山古墳、代田八幡宮、琴石山などもあり、子どもたちにとっての豊かな学びの場となっています。

柳井市は、二〇一六年度から、第一期柳井市教育振興基本計画において教育目標を「愛・夢・志をはぐくむ教育～スクール・コミュニティによる教育のまちづくりの推進～」を掲げており、柳東小学校も「スクール・コミュニティ」の実現をめざした取組を推進してきました。私が着任したときも、学校運営協議会を中心として、様々な学校支援活動が実施されており、地域の方々も、校長室に来られては、柳東地区の歴史や思い出話をお聞かせくださいました。

柳東小学校の自慢といえば天然の芝生の運動場。春、満開に咲いた桜のもと、子どもたちは青々とした芝生の上で、おもいきり遊んでいます。二〇一四年に、柳井市の事業で、地域の方々と子どもたちが一緒に芝を運動場に植えました。その後は有志により結成された「柳東芝生の会」の皆さんが、散水、草取り、芝刈り、施肥等を定期的に行ってくださっています。運動場は、お休みの日にも子どもたちがのびのび遊ぶことのできる場として、今や地域のシンボルとなっています。

## ○学校運営協議会を〝気楽な会〟にする

地域の方々と雑談をしていたときのことです。「学校運営協議会は報告ばかりですね」と学校運営協議会の会長Nさん（以下、Nさん）が話を切り出しました。学期に一回程度の学校運営協議会では、学校の取組の報告が中心で、協議する事項は目的や目標を再確認する程度の内容にとどまっており、Nさんはそれが気になっていたのです。Nさんに思い切って「月に一回、学校運営協議会を開催することは、やはり皆さんにご負担をおかけしますか」と聞いてみました。Nさんは「むしろ、月一回やってもらったほうがいい。学校の予定も分かるし、動きもわかる。何より、学校がわしらを頼りにしてくれていることがやる気につながるよね。みんなも望んでいると思うよ」とのお返事でした。その他の委員の了解を得て、早速翌月から毎月開催することとしました。定期的な開催により、学校のことを相談できる、〝気軽な会〟の誕生です。委員の皆さんは、毎回、ほぼ全員が参加してくださいます。これまで苦労していたボランティアの人集めも、この会でお話することができるので、あっという間に終わります。また、毎月第二火曜日の一八時からと決めているので、会議の案内は不要、用意する資料も最低限のものとなりました。そして、何よりも、学校の取組や子どもたちの様子などを、タイムリーに、しかも細かに情報交換することが中心となりました。この形式に変えてから、学校と学校運営協議会の一体感をより感じるようになりましたし、何よりも委員の皆さんといろいろとお話することが楽しく、その結果、「わくわくする」取組もできるようになりました。

## ○すぐに動く、すぐに解決！　びっくりする顔がうれしい

本校では、一学期の終業式の日に、地域の方や教員、保護者とともに集団下校をしています。集団下校が終わった後、ある教員が私のところにやってきました。「通学路脇の斜面に草が生い茂り、子どもたちの通るところが、とても狭くなっていて危ないです。道に穴もありました。

ちょうど低学年の子どもの足が入るぐらいの大きさで、もし、はまったらけがをするかもしれません」との報告がありました。そこですぐに、Nさんに相談し、まずは現場を一緒に見に行きました。なるほど、穴が二か所あり、草は生い茂っています。すぐにでも対応しないと、子どもたちがけがをしてしまうという話になり、早速、学校運営協議会で解決策を話し合うことにしました。

学校運営協議会では、Nさんが地主の方や市の担当者とお話しされたことを報告していただきました。草の生い茂っている土地の地主の方は高齢で、しかも入院をしているので、すぐには対応できないとのことでした。また、市の担当者からは、私有地なので市が対応することは難しいこと、道は市有地であるけれども、穴の修理にすぐには対応できないことという回答で、いきなり行き詰まりを感じました。しかし、事態は子どもたちの安全に関わること。このままにしておくことはできない、これからは、さらに蜂が巣を作ってしまう恐れもある、自転車で通行する子どももいるので早く対応した方がよい、というのが学校運営協議会の総意でした。話がまとまると行動が早いのが、〝柳東〟の強みです。会長が地主の方と交渉し草刈りの許可を、市役所からは、穴を埋める補修材をいただきました。委員の皆さんのおかげで、あっという間に、日にちも決まり、草刈機、軽トラック、補修のための道具が揃えられ、六人のチームが編成されました。地面の補修は詳しい方がいて難なく終了したのですが、草刈りはかなり難航しました。私たちが必死に草刈りをしていると、近隣に住む方も様子を見にきてくれ、協力していただけることになり、なんとかきれいに終了しました。これで安心して二学期が迎えられます。

始業式の日、子どもたちと下校していた教員は、驚きました。通学路を見ると、すっかり草がきれいに刈られ、道にあった穴もなくなっています。教員も子どもたちも、安心・安全のために地域の方がすぐに動いてくださったことにとても感動するとともに、感謝の気持ちでいっぱいになったようです。コミュニティ・スクールでなければ、こうした対応はできなかったでしょう。「地域で見守る、地域で育てる」をみんなが実感できる出来事でした。

## ○地域みんなで〝お祭り〟を創る

柳東地区では、社会教育の講座の発表を行う公民館まつりを春と秋に催しています。これまで

にも、学校は、春には二年生の有志によるダンス、秋には、子どもの作品を展示させていただいていました。一方で、学校では、一一月初旬の土曜日に、各学年の学習成果の発表をする「はれるんフェスティバル」という学習発表会をしています。「はれるん」とは、柳東小学校のマスコットの名前です。毎年、「はれるんフェスティバル」では、各学年の授業参観のあと、親師会によるバザーやミニゲームなどを行っていました。言わば、学校だけで行う「お祭り」です。せっかく施設が近くにあるのだから、それぞれが行っている行事を地域に広げ、みんなで楽しむ「お祭り」を「創る」方が子どもたちに力がつくのではないか、そうした思いを館長さんやNさん、学校運営協議会に提案してみました。

二〇二〇年の一一月は、ちょうど新型コロナウイルス感染症が蔓延しており、とても閉塞感がありました。こうした中でも、「はれるんフェスティバル」では、新しく加わったことがあります。一つは、五年生がキャリア学習として学んでいる「お弁当販売」を実際に体育館で行うことです。もう一つは、地域の方がクラブ活動で指導してくださっている琴のミニコンサート、さらに、親師会が中心となり、コロナで我慢している子どもたちの心に残る、くじや、水風船つりなどのお祭りの催しをすることです。こうした学校や親師会の動きに、委員の方から、柳東文化会館に来られる地域の方々、学校に来た子どもや保護者も回遊して楽しめることをしようという意見も出されました。さらに、近隣にあるデイケアの施設、保育所も本格的に巻き込んでみたらどうか、という案もだされました。こうした新しい企画をうみ出す話し合いは、とても楽しいものです。いろいろな案をすべて実現するには、解決すべき課題がたくさんありますが、「ひとつ、みんなでやろうじゃないか」と団結して、前向きに考えることで、とても元気になります。

この年をきっかけに、毎年「はれるんフェスティバル」は、学校、柳東文化会館、デイケア施設、保育所を中心とした「柳東のお祭り」に育っています。「ひとつやろうじゃないか」で始まったお祭りが、これからも続いてほしいと思います。

## ○地域の方からの願いからできた「柳井縞」の授業

柳井縞（やないじま）は、素朴な木綿織物として、古くから親しまれてきた柳井の伝統織物で、江戸中期頃に柳井木綿として全国に名を馳せました。しかし、明治の世となり織物業は衰退。昭和には柳東小学校区にも数軒ほど生産している家がありましたが、今はなくなってしまいました。

そんな衰退の一途をたどった柳井縞ですが、地域に住むAさんが立ち上がりました。柳井縞の体験工房を校区内に開いているAさんは、柳井商工高校にお勤めの時に、機《はた》織機を復活させ、先生方と協力し総合的な学習（探究）の時間に柳井縞の学習を位置付けられました。そして、高校生による機織り体験の出前授業を、柳井縞と縁のある柳東小学校でぜひ行いたいと、Aさんからの申し出がありました。こうした地元ならではの教材が校区内にあったのです。ぜひ、この題材で子どもたちが学ぶことができないかと考えました。こうした思いで教育課程を見直していたところ、三年生の社会科で学習する「柳井市の産業」や「古い道具とむかしの暮らし」が該当することがわかりました。それと関連させれば、教育課程に位置付けて子どもたちの学びが豊かになります。地域の方からのお話や高校生との交流もでき、何よりも力のある地域教材を使った学習となることから、担当のY教諭も早速教材化にとりかかってくれました。三年生にとって「機織り機」は昔話に出てくるもので、本物を目にしたことはありません。まして、機を織ることなど体験したこともない子どもたちばかりです。高校生が子どもたちに柳井縞の織り方を丁寧に教えてくれる授業では、

三年生の子どもたちが手順を教わりながら慎重に機を織っていきます。子どもたちが織った柳井縞は栞になります。保護者や地域の方にも授業を見ていただきました。地域の方も、「柳井縞」については聞いたことがあるものの、実はなかなか本物に出会うことはなかったようで初めて見た方もいました。高校生の手ほどきによって、子どもたちが目を輝かせながら、機を織る様子に、皆さんも目を細めて参観されていました。子どもたちばかりでなく、地域の方にとっても、保護者にとっても改めて地域の伝統である「柳井縞」について再認識できる機会であったと思います。きっと親子でともに学んだ柳井縞の話は晩の食卓を彩ったことでしょう。こうした子どもの学びを大人の学びに広げていくことも学校の役割と考えます。

## ○琴石山で夢を叫ぶ

「むらさきそむる　琴石の　峰に輝く朝日かげ」で始まるのは、柳東小学校の校歌です。柳東小学校の北側を見上げると、琴石山が見えます。山の頂上に琴石という岩があり、天女が舞い降りて、この岩の上で琴を奏でたので、琴石山と名づけたという言い伝えがあります。琴石山は、標高五四五メートルの山で、山口県の百名山の一つとされ、市民に古くから親しまれています。琴石山は、柳東小学校の他にも市内の小中学校の校歌に歌われている、いわば柳井市のシンボルでもあります。また、地域の方々に、琴石山にまつわる思い出を訪ねると、正月にご来光を見るためによく登っていたなどの思い出話をされます。

子どもたちはどう思っているのでしょうか。校歌にも歌われていて、教室の窓からも琴石山は見えるのに、多くの子どもたちは登ったことがないということが分かりました。琴石山のことを知らないまま、子どもたちが卒業して、それは柳東小で学んだといえるのでしょうか。地域を愛する子どもを育てるためには、地域のシンボルである琴石山に登る体験は絶対に必要です。

六年生で学習する「まちの幸福論」のまとめとして、自分たちの町をどのようにすると幸福になるかを発表しました。その中には、柳井タワー、ごみ拾いフェスティバル、柳井オリジナルらんたんフェスティバルなどのイベントや、チラシ、ポスター、ＳＮＳでの広報などのいろいろなアイデアがあり、その中の一つに琴石山近辺を整備してもっと多くの人が遊べるようにするという提案がありました。やはり、琴石山は特別なものとして子どもたちの心の中にあるのです。

こうしたことから、六年生が卒業の記念として、「保護者や地域の人と一緒に楽しむ琴石山登山」について職員会議や学校運営協議会で協議しました。学校運営協議会では、一緒に登れない地域の方もいるので、下山してきた子どもたちを出迎えたい、できれば何か子どもたちがびっくりするような「おもてなし」をしたいとの意見が出されました。また教職員も、「子どもたちが地域を語る上で、琴石山は外せない」と前のめりになっています。話がまとまれば、実行するのが、〝柳東〟です。

登山当日。あいにくの小雨でしたが、子どもたちはカッパをもってきていて、やる気満々です。カッパのない子どもたちには、教職員が急遽、大きなビニール袋を使ってカッパを作ってくれました。今後の天気を確認して、出発です。雨で滑りやすいことから、安全を確認しながら、一番登りやすい道をゆっくりと歩いていくことにしました。参加された保護者のなかには、なかなか子どもと一緒に山登りできないのでこの機会に、自分が小学生の時に登った琴石山をぜひ子どもと一緒に登りたいという方もいらっしゃいました。あちこちで笑い声が溢れ、友だちどうしで助け合いながら歩いています。お母さんと一緒に登っていく男の子もいます。地域や親師会の方が最後尾を歩いてくれています。汗を流しながらようやく山頂に、全員が到着しました。あいにくの天気だったので、絶景が見られないと思っていましたが、六年生が夢を叫ぼうとした、その瞬間、一面のガスがすっとなくなり、眼前に瀬戸内海、そして眼下には柳東小学校が現れました。これには大きな歓声があがりました。今がチャンスです。瀬戸内海、学校まで声が届けと、一人ひとりが大きな声で夢を叫びました。全員が大きな声で言うことができました。それから

は下山となります。みんなでわいわい言いながら楽しく歩いています。学校に到着する前、柳東文化会館に立ち寄りました。そこでは、保護者や地域の方が温かいお茶を用意して待ってくださっていました。子どもたちには黙っていたので、すごく驚いています。温かいお茶を飲みながら、今日の出来事や中学生になる心意気を地域の方々とお話しました。子どもたちは疲れているはずですが、保護者、地域の方の温かい笑顔の中、子どもたちの笑顔もとても輝いていました。

この取組は、その後も受け継がれています。先日、地域のNさんから連絡がありました。そこには、琴石山から下山の途中、柳東文化会館で地域の方々がぜんざいを準備して、温かいおもてなしをしたという新聞記事が添付され、「やっと夢がかないました」とコメントがありました。六年生の子どもたちの卒業を地域で祝おうと、協力してくださる地域の方も増え続けており、今では三〇名近くの方々が参加されているとのことです。これからも学校と地域の行事として、何よりも子どもたちの心に残る行事として続いてほしいですし、子どもたちには大人になってからも地域の方として参加してほしいものです。

## ○地域をあげての避難訓練へ

柳東小学校では、地震・津波を想定した避難訓練を実施しています。私が着任する前には、近くにあるデイケア施設と保育園と一緒に避難訓練をしていました。学校運営協議会で、一一月五日の津波防災の日にあわせて実施する地震・津波を想定した避難訓練をこれまで通り実施する案をお示ししたところ、委員から「近隣施設だけでなく、地域住民と一緒に避難訓練をした方が、実際に災害が起こったときに役立つのではないだろうか」という意見がでました。まさに学校と地域が一体となった防災教育の方が子どもたちにとっても効果的です。そして、こうした意見が出ると、早速やってみようというのが〝柳東〟のよさです。

避難訓練は、午前一〇時に地区一帯に流される地震発生を知らせる放送を合図に開始します。学級では、まずは地震発生時のシェイクアウト訓練、津波警報が発令されたとして、一年生から六年生は運動場へ一次避難します。続いて、津波を避けるため、高台へ避難する二次避難に移ります。二次避難所は、学校から数百メートル離れた白潟西下公会堂駐車場です。地域の方々には、地震発生の放送を聞いたら、まずは柳東小学校の運動場に集まっていただき、子どもたちと一緒に二次避難所。デイケアや保育園は、小学生と合流して二次避難するという計画です。また、地域の方々に、地震発生、津波警報を周知するために、当日は、地域の消防団の広報車に巡回しながら二次避難所までの避難を呼びかけてもらうこと、学校から二次避難所まで子どもたちが安全に歩けるように、柳東交番の警察官、防犯組合、交通安全協会の皆さんに見守りをお願いすることなどが話し合われ、地域を挙げての避難訓練が出来上がっていきました。

いよいよ当日を迎えました。消防団が広報車で放送をしながら地域を回ってくれています。運動場に集まった地域の方もいらっしゃいました。そして、二次避難が始まります。近所の方々も家の前に出てきて、子どもたちの様子を見守ってくれていました。計画では、六年生の子どもたちが保育園の子どもの手を引きながら歩いて避難する予定でした。実際は、タイミングがずれてしまい、保育園の子どもたちが避難のために外に出たときには、六年生はまだいなかったのです。しかし、臨機応変に現場判断。丁度、保育園前を通過していた四年生は、自分たちの意思でさっと保育園の子どもたちの手をひき、二次避難所まで黙って歩いてきました。こういう子どもたちに育っていることに感動した出来事でした。

こうして地域の方々に見守られるなか、一年生から六年生までの子どもたち、園児は無事に避難することができました。子どもたちの態度がとても立派であったと地域の方々、消防団の方々からお褒めをいただきました。地域と一体となって実施したおかげで、緊張感のある充実した訓練となりました。

## ○地域と連携して〝わくわく〟

コミュニティ・スクールが全国に広がっています。地域と連携した学校教育を行うことが、子どもたちの成長に大きな力を発揮してくれるということは疑う余地もありません。柳東小学校は、子どもたちが落ち着かない学校と言われていました。そうした一面がある一方で、地域の方々の学校支援も数多く得られ、多くの保護者は学校の教育活動にとても協力的です。夏休みに実施される学校の環境整備（除草作業）には、およそ八割の家庭の方が参加してくださいます。こうした力をまとめて、一つのベクトルを作ることができる仕組がコミュニティ・スクールだと感じています。そのためには、管理職によるマネジメントが欠かせません。私が在籍していたのはわずか二年間、その間に新型コロナウイルス感染症による臨時休校、活動の制限などがありました。そうした中でも、学校、家庭、地域ができることをしっかりと取り組んだおかげで、あいさつの響く学校に変わっていきました。他校区の保護者から、「柳井の学習院」とまで言っていただいたことは、関わってきた地域の皆さん、保護者、職員とともに誇りと思います。けっして、学校だけでは、こうはならなかったと強く感じています。学校、家庭、地域が手を組み安心安全な学校を作ること、柳東小でしか学べない様々な教育活動を仕組んでいくこと、そうして、子どもたち、先生、保護者の皆さん、地域の方々が〝わくわく〟するような学校を共に創っていくこと、何よりもかかわる人たちみんなが楽しく活動することこそが、コミュニティ・スクールの醍醐味であると感じます。

（長友　義彦）

コラム

## 柳東小学校の奇跡

コミュニティ・スクールは、学校運営協議会制度のことですから、学校運営協議会の設置が必須です。もし、学校運営協議会が、報告の場としての機能しかもっていないとしたら、従来の「スクール」との違いを肌で感じることはできないでしょう。

さて、「学校運営協議会は報告ばかりですね」という言葉を号砲に、コミュニティという言葉の輪郭を自分たちなりにはっきりと際立たせる柳東的営みが動き出します。コミュニティとスクールを共同統治する学校運営会の役割を、N会長と長友校長が共有したところから、柳東小の奇跡は幕を開けたのです。

具体的には、学校運営協議会を月一回程度の開催にした、ということです。ただし、回数を増やせばよいというだけのことではありませんでした。月一回タイムリーな情報交換・共有による「わくわく」する「気楽な会」に変身させたことが「コミスクになる」ための大切な要件であることを、私たちに気付かせてくれます。頭の中にある協議会のビフォー映像には、参加者が難しい顔をしながら、学校からの説明をあたかも分かったように聞いている様子が映ります。一方で、アフター映像は、どうでしょう。参加者が柔和な顔で、子どもたちと自分たちの未来について楽しく語り合う場面が、見えてきませんか。

とはいえ、口で言うほど容易なことであるはずがありません。協議会を月一回開けば、たちまち「コミュニティ」と「スクール」がつながるという簡単なものでもありません。かつての「落ち着かない学校」からの変革に向けた、必死の取組があるはずです。

たとえば、校庭の芝生、通学路の整備、「はれるんフェスティバル」、琴石山登山など。こうした取組を通じて「柳井の学習院」とまで言われるに至った背景にある、長友校長とM会長のリーダーシップに注目し、二人の手腕による柳東流学校運営協議会の要点を整理します。

・誰もが新たな提案をしやすい場にする
・雑談の中に芽生えた危機意識を全員で共有する
・短期的で目に見える小さな奇跡を全員で共有する
・小さな奇跡の先にある大きな変革に踏み出す

これまでの取組で、「若手中心の教員集団をどう動かすか」「多様な価値観をもつ保護者や地域住民をいかに巻き込むか」「集中が継続しない子どもをいかに指導するか」等、どの学校にも散見される現代的な教育課題も抱えた柳東小が、小さな奇跡を起こしてきました。これからは、保護者代表も交えた三位一体の取組で、もっと大きな変革を起こしていくことでしょう。

ちなみに、長友校長は、現在、地元山陽小野田市の教育長として、市全体の学校運営協議会の営みを見守っておられます。

# 8 コロナ禍でも高校生が元気な学校
## ～高校生が、学校とふるさとの魅力を猛アピールする！～
## 【山口県立萩高等学校】

全国の校長会等で、私の名刺の中に「萩」と言う文字を相手が見つけてくださったなら、話題には事欠きません。歴史好きな方とのお話には、吉田松陰先生、高杉晋作等の明治維新の立役者たちが生き生きと登場し、話が弾みます。

高校の修学旅行で訪れた時の思い出話を聞かせてくださる方もいます。修学旅行で萩を訪れる学校数は、かつてほどではないにせよ、コロナ禍で多くの学校の修学旅行が中止となったり、行先が変更になったりする中、感染者が少なく、魅力的なこのまちを多くの学校が選んでくれました。

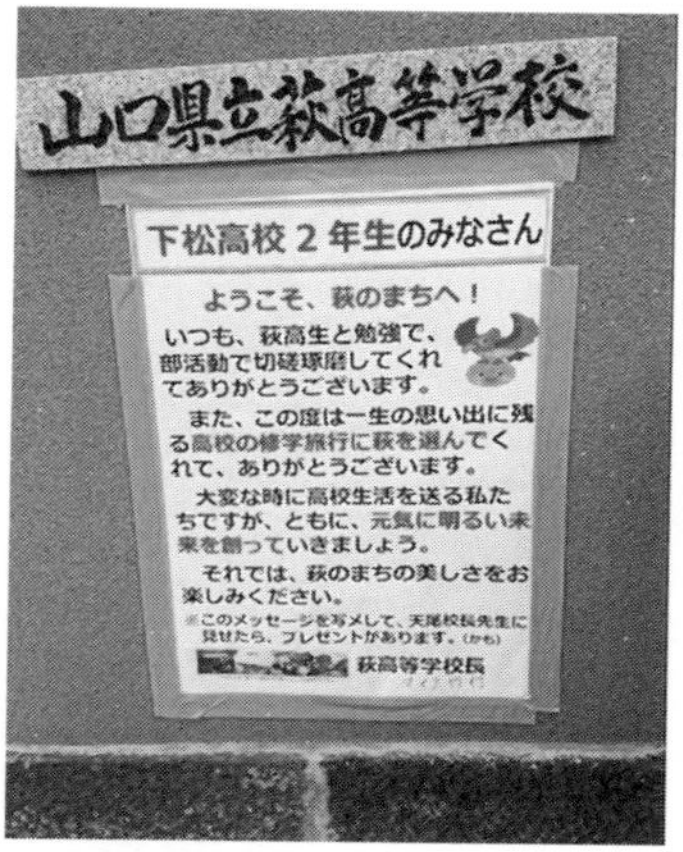

正門に壁紙のメッセージ「修学旅行に萩を選んでくれてありがとう！」

萩は修学旅行先としても「おすすめ」です。

明治維新胎動の地と呼ばれる萩市は、明治産業革命世界遺産にも登録された史跡等を有し、萩高校は、その構成資産の一つである萩城下町の中にある「世界遺産の中にある学校」です。

豊北・下関北高校の取組について紹介した『奇跡の学校』に続いて二回目の寄稿となりますが、この度は、この素敵なまちにある萩高校（令和元年度～三年度の三年間、校長として勤務）で起こったちょっとした〝奇跡〟を紹介させていただきます。

## ○ファイト！　冷たい水の中を　震えながら登っていけ！
### ～学校の背中を押してくれた生徒の言葉・地域の背中を押してくれた生徒の姿～

「かえらじと思いさだめし旅なれば　ひとしお濡るる涙松かな」松並木の間に見え隠れする萩のまちが〝最後〟に見えるこの場所で、萩を去る人は涙したといいます。吉田松陰先生は、安政の大獄により、江戸伝馬町に護送される五月二五日、涙松と呼ばれるこの場所で冒頭の歌を詠みました。松陰先生が、絶望的な状況にありながらも、未来に大いなる希望をもち、「まごころ（至誠）で、幕府をも動かせてみせる」と強い決意で旅立った同じ五月二五日に、私たちも、共に、もう一度力強く歩み始めましょう。」

松陰先生の故郷への思いと、高校卒業後、故郷を離れる生徒たちの姿とを重ねながら、そう呼び掛けて始まったコロナ禍の中の学校生活。その始まりの全校集会は、校内放送で行ったのですが、三人の生徒が、休業中の生活やこれからの学校生活について語ってくれました。

最後に登場したのは、合唱部の部長〇君です。彼は、最後に、全校生徒にエールを送る意味で、合唱部が伝統的に歌っている、中島みゆきさんの「ファイト!」を独唱してくれました。

自分の進路に向けた見通しもなかなか立たない中で、苦しみ、葛藤し、それでも前に進もうとする三人の言葉は、聞いていて胸が熱くなるものでしたし、その前向きなメッセージは、学校全体の背中を押してくれたように感じています。

その歌声を校長室で聞きながら、ふっと窓の外を見ると、地元のケーブルテレビさんが、校舎の全景を撮影しています。別件で取材に来られていたのですが、直ぐに校舎内に招き入れ、その歌声と、独唱し終えた時各教室から自然と沸き上がった拍手をカメラに収めていただきました。

その数週間後、萩市内で放映された〝高校生は今〟という番組は、大きな反響を呼びました。コロナ禍のため、最後の大会が中止となった高校生の心境を、インタビューを中心に構成した番組です。

「大会はなくなったけれども、仲間とともにがんばってきた事実は変わらない。今も仲間に助けられ、支えられている。」「過去は変わらなくても、今をどう考え、歩き出すかによって、過去の意味と未来は変わってくる。」「コロナ禍のため、私たちの最後の大会やコンクールは中止になった。でも、僕たちには、まだやらなければならないことがある。入学したばかりの一年生と

萩テレビ株式会社「はあぶビジョン」の番組“高校生は今”で思いを語る生徒

一緒にまだ合唱をしていない。一年生に合唱の素晴らしさを伝えるのが、私たちの今の目標だ。」と、最後の大会がなくなった自分たちも苦しいはずなのに、後輩たちに思いを寄せるその力強い言葉は、先の全校集会での○君の歌声を背景に放映され、大きな感動を呼びました。

　画面越しに伝わってくる前を向いて力強く歩み始めている萩高生の姿と言葉は、高校生だけでなく、それ以上に苦しい立場にあるたくさんの地域の人々を勇気づけたのではないでしょうか。もしかしたら、誰かの命を救ったのかもしれません。高校生の元気は、まちを明るくします。

## ○学校の歴史は、その町の歴史

### ～「開運！　なんでも鑑定団」の出演と「萩高の秘宝（おたから）展」の開催～

「おっ　ピンク校長の登場じゃ！　校長！　わしゃ、番組を見た友人から、「お前の母校はすごいの～」って言われての、ほんま、嬉しかったでよ～。」

ご高齢の男性が、モニター越しに満面の笑顔で話しかけてくださいます。

一五〇年を超える歴史を刻む萩高校のような伝統校ともなれば、全国で活躍しておられる同窓生の方々も多く、全国各地で開催される同窓会に出席し、学校の近況を報告するとともに、母校へのご支援をお願いすることも校長の大事な役割の一つです。

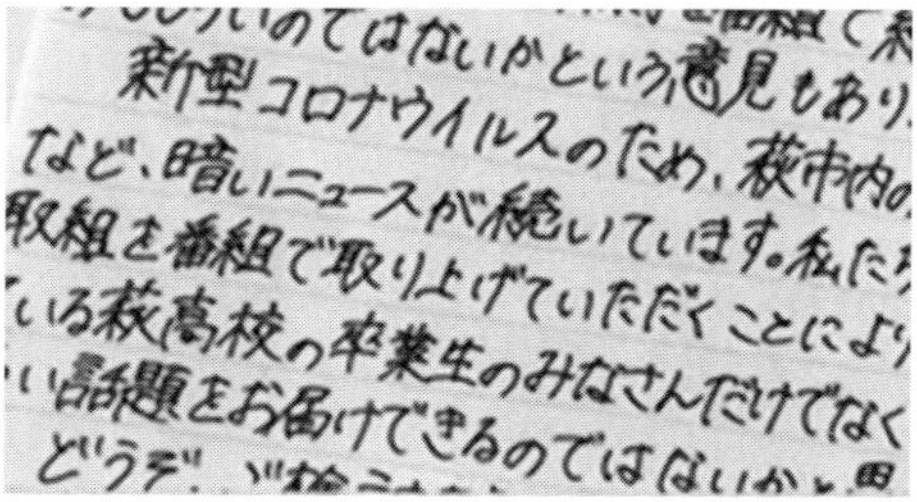


しかし、全国に吹き荒れたコロナ禍は、県をまたぐ移動を制限し、同窓生の方々の貴重な交友の場を奪いました。多くの高校でこうした会合が中止となる中、萩高の同窓会は違いました。同窓会の東京支部が、Zoomで全国各地をつないで開催したオンライン同窓会には、たくさんの方が参加されていました。卒業後、故郷から全国各地に巣立っていくこととなる高校の思い出や母校への思いは、時間を積み重ねる中で、人をつなぎ、時間をつなぐということなのでしょう。

その時の同窓会の話題の中心は、生徒会の生徒が出演した、テレビ東京が全国ネットで放送する人気番組「開運！　なんでも鑑定団」でした。

萩高には、藩校明倫館から受け継がれたものや、長い年月の間に、

**出品した「おたから」と紹介した生徒**

**【百万塔陀羅尼】**（廣兼颯哉　横田拓門）
世界最古の印刷物「陀羅尼経」を保管した木製の塔

**【松林桂月の絵画】**（福間周哉　堀田菜摘）
萩高等女学校の寄宿舎の部屋に飾られていた絵画

**【ショメール百科事典】**（松本美緒　三村京子）
江戸末期の家庭百科事典　全国に８例のみ現存

**【豊臣秀吉の朱印状・ねね黒印状】**（守永達哉　岡村美也）
朝鮮出兵時の埴生・下関間の飛脚の運賃等の指示書

同窓生や地域の方から寄贈された貴重な歴史的史料が多数保管されています。創立一五〇周年記念事業の主要企画として、これらの一部を公開するとともに、萩高の歴史を振り返る企画展「萩高の秘宝《おたから》展」を市内の公共施設で開催するよう準備を進めていたのですが、コロナ禍のため、年度末から臨時休校となった学校だけでなく、地域も大きな影響を受けました。

　こうした中、企画展のＰＲとともに、コロナ禍で不安になりがちな地域に明るい話題を届けたい、全国の先輩方に母校の元気を届けたい、萩のまちの美しさを全国に発信したいと、生徒が番組に手紙を書き実現したのが同番組への出演です。

　県外との往来の自粛が求められていたため、番組史上初となる学校での出張鑑定として、萩高の図書室で収録を行いました。図書室というのがよかったですね。なぜなら、東京のテレビ局のスタジオでの収録とは異なり、生徒たちにとってはホームグラウンドですし、観客も、いつもの仲間たちです。

　収録の際は、学校全体で一丸になって、コロナ禍を乗り越えようというコンセプトのもと、クラスごとで色を変えて揃えたTシャツ（私のTシャツの色は、残り物のショッキングピンク）を着て応援しました。そのことを収録でも説明したのですが、放映ではカットされ、「なぜ、校長はなぜ派手なピンクのTシャツを着ているのか」という謎だけが残り、しばらくは、「ピンク校長」と、まるでピンク映画のような呼ばれ方をされていましたが…。

収録では、学校に保管されている多数ある〝お宝〟のうち、四点を取り上げました。通常は番組が調査して紹介するお宝の背景ですが、今回は、生徒たちが自分で調べ、萩のまちの魅力や萩高での学校生活とともに紹介しました。もちろん、番組恒例の本人評価額も自分たちで考えました。日頃から、総合的な探究の時間などで、萩の豊かな教育資源をテーマに探究学習をしているからなのでしょう、生徒たちのプレゼンテーションは、私たちの想像を超えるものでした。その場面を少し切り取って紹介しましょう。

例えば、「ガス」「アルカリ」などの用語の起源となっている蘭書「ショメール」（訳名は「家事（家庭・日用）百科辞書」。編者の名をとって「ショメール」と通称）。国内に八例のみ現存するこの書物は、萩の豪商熊谷五右衛門が、長崎でシーボルトから入手し、萩藩の医学稽古場に貸し出されていたものが、萩高の前身萩中学校にあった萩図書館（郡立としては日本初）に寄贈されたことなど、生徒が、お宝の背景を模造紙にまとめ、紹介していきます。

途中、MCの石田靖さん（吉本興業株式会社）が上手く生徒の素顔を引き出してくださり、

「隣町から通学しているのですが、萩のまちの雰囲気が大好きで、毎日観光気分です。」なんて、萩の人が聞けば、嬉しくなるような言葉がつぎつぎと自然に出てきます。

本人評価額は「一五〇万円」。どこで調べたのでしょうか、佐久間象山が同じ書物を四〇両で購入していて、当時の一両は、現在の価値で四万円に相当するので一六〇万円。萩高が創立一五〇周年なので、切りよく一五〇万円と、よく考えたものです。そして、ジャガジャンと頭上に掲げた鑑定額は二〇〇万。会場である図書室とオンラインで結ぶ教室から歓声があがります。

「今は、インターネットで、簡単に情報を入手することができるけど、昔の人は、新しい知識を手に入れるためにお金と時間をかけていて、そのおかげで、私たちの便利な生活があるんだなぁと感じました。」という生徒の締めくくりの言葉は、過去のことを今につなげて考えているとても素敵なコメントです。

周囲を最も驚かせたのが、二〇〇〇万円という高額な鑑定額がついた豊臣秀吉の朱印状・北の政所ねねの黒印状です。朝鮮出兵の際の輸送についての指示書で、政治家ではないねねの書状は、希少価値が高く、高額な鑑定額になったそうです。

萩のまちや学校周辺の美しさ、懸命に紹介する高校生の素朴で、さわやかな姿が印象的に放映され、先に紹介したオンライン同窓会でのご高齢の方の言葉が示すように、生徒の思いが、多くの人に届いていると思うと、本当に嬉しく感じました。

なお、企画展には、開催期間中に番組が放映されたこともあり、県内外から三〇〇〇人に及ぶ来観者が訪れました。学校所蔵の歴史的史料とともに、萩高の歴史を紹介するパネル、特に戦時中の学校の様子を紹介したスライド映像には、多くの方が足を止めて見入っておられました。学校の歴史は、その町の歴史です。そして、高校生の元気は、町を明るくします。

## ○ピンチをチャンスに！～ちょっと変わったクラスマッチ〝菊が浜サンドアート〟～

梅雨明けの青空に、クラスごとにそろえたTシャツを着た高校生たちの歓声と水しぶきが舞い上がります。海岸にいくつも積まれた腰の高さほどある砂の山に、スコップやバケツを手にした高校生が群がって取り組んでいるのは、サンドアート。

クラスマッチと言えば、バレー・サッカー等のスポーツが定番ですが、コロナ禍のため、多人数が屋内に集合する従来の形は避けたいところです。そんな中、萩高校では、「ピンチをチャンスに！」を合い言葉に、コロナ禍でも思い出に残る行事をと、生徒会が〝ちょっと変わったクラ

萩高から歩いて数分のところにある白砂青松の海岸“菊が浜”。夏には海水浴場としても賑わい、北長門海岸国定公園内に位置し、左手には城址のある指月山、沖合には小さな島々が浮かぶ、美しい夕景も絶景です。

スマッチ〟を提案してくれました。
　高校生のアイデアってすごいですね。イルカやカメなどの生き物をつくったグループもあれば、お城を作ったグループがあります。聞けば「行動があやしい担任の先生を幽閉する城」だそうです。プラスチックごみを歯に見立て、大きな口を開くサメに飲み込まれて

いる様子で写真を撮っている生徒。「これは、人類が出したゴミに人類が飲み込まれている姿」を描いたものだそう。そのほか、自粛太りのトトロ、アマぴえん（つくったけど、コロナ、収束しなくてぴえん）など。拾った海藻の山は、いったい何に使うつもりなのでしょうか……

萩高を取り巻く豊かな自然を生かした、萩高ならではのクラスマッチ、ふるさとを体感することができる素敵なクラスマッチです。さわやかな高校生の様子は、地元テレビなど、多くのメディアに取り上げていただきました。青空の下、友とはしゃいだ思い出は、いつの日か、彼ら彼女らの心を故郷に誘うことでしょう。高校生の元気は、地域を明るくします。

## ○萩のまちに恩返し～一人の高校生が起こした小さな奇跡～

…八年ちょっと前に萩に引っ越してきてからこれまで、私は美味しい萩のお野菜をたくさん食べてきました！　私にとって、萩といえば萩野菜！　と言っても過言ではないくらい、大好きです（笑）。

私は卒業後、県外の大学に通います。卒業までの間、ここまで私を育ててくれた萩市に何か私ができることはないか、考える時間がありました。そんな時、私は萩野菜の魅力を多く

かつての港町の賑わいが時を超えて一日だけ復活

の地元の人に伝えたい！　という気持ちが芽生え、このサラダボウルイベントを企画するまでに至りました。

　最初は、「どうせ私がやったって、」「まだ高校生やし、萩でやっても浮くだけ」などこれまで勇気を持てず、行動力に欠けていた私でしたが、周りの信頼できる大人たちに背中を押してもらい、勇気を出して、まずは挑戦することが大事だと思うようになりました！　この経験は、将来きっと大事な時に活きると、私は信じています‼


大学進学で萩を離れる前に、「萩の野菜を美味しくオシャレに食べよう！」というコンセプトで同級生や地域の大人を巻き込み、自主企画した「Salad bowl day」を主催した一人の女子生徒が会場で配布したメッセージカードの言葉です。

　現在、高校では、総合的な探究の時間などの授業で、自ら課題をみつけ、解決していこうという探究学習が盛んに行われています。萩高でも、二学年次に、グループ単位でこの探究学習を、テーマを設定し、

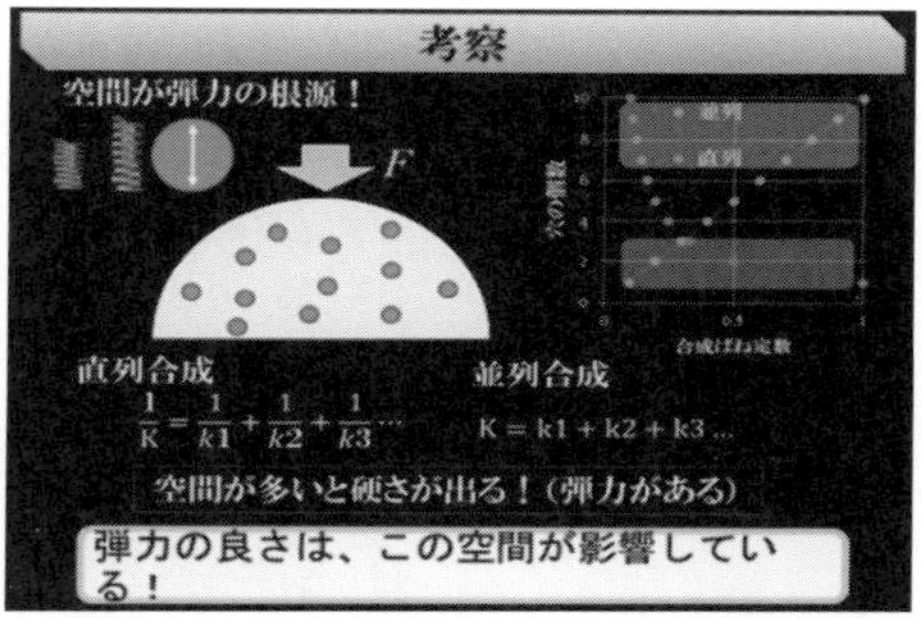


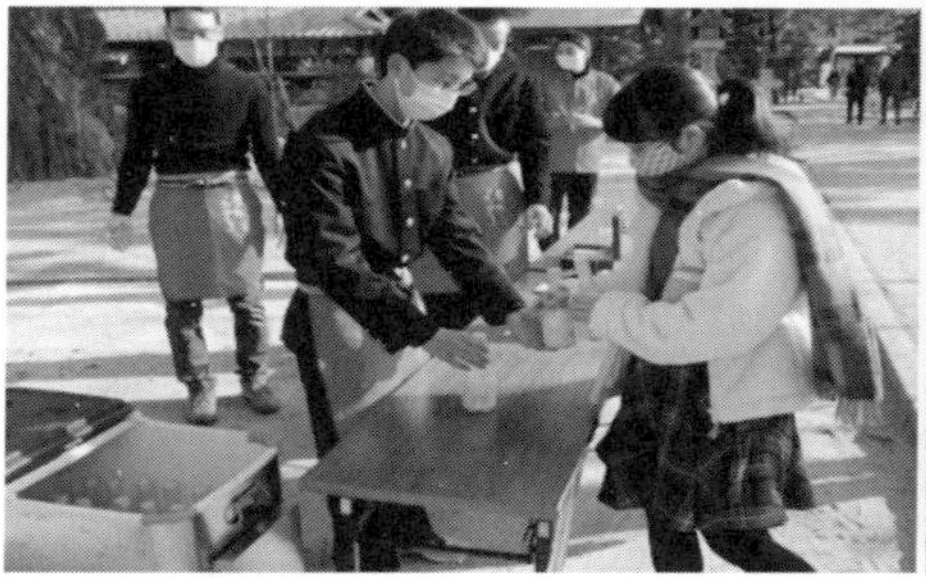

（上）萩の蒲鉾は、7mm の厚さに切って 12 回噛むと美味しい
（下）正月の松陰神社で“東洋美人の甘酒”を販売

調査、整理分析、研究発表というプロセスで行っています。その研究テーマには、萩の魅力や課題に関連したものが多く並びます。

若者層の日本酒需要の拡大を目指した班は、地元の銘酒「東洋美人」から甘酒を製造することを酒造会社に実際に提案し、その熱意に打たれた社長さんの全面協力で〝東洋美人の甘酒〟として、販売まで実現しました。そのほかにも、「萩焼の土で瓦は作れるか」、「萩ガラスの発色研究」、「夏みかんの有効な活用方法」など萩関連のテーマが並びます。

萩の町を彩る「なまこ壁」の機

能性を実験で検証した研究、萩の特産である醤油と蒲鉾の特性についての研究、高齢化で技術の継承が困難になっている竹紙の製造過程の数値化と静菌作用についての研究は、県探究学習成果発表会で三年連続の最優秀賞を獲得し、中四国九州大会に出場しています。

テーマを探す過程で気が付くふるさとの魅力や課題。調査研究の過程でふれあうまちの人々の姿と声、こうしたこの授業での経験が、これまで紹介した生徒や先生方の前向きで、外向きな姿勢につながっているように思えてなりません。

## ○奇跡の職員会議

「僕たちでよかったら、いつでも交流します。また、お声をかけてください。」

何ということもない言葉ですが、穏やかで誠実な彼の人柄とこの学校の素朴な生徒たちの姿にいつもふれている私には、近隣の特別支援学校との交流の終わりに発せられたこの言葉に、この学校の素晴らしさと、学校が育てた彼の人間性が滲み出ているようで、深い感動を覚えました。

萩の本校から車で三〇分、日本海沿いを北上した所に奈古分校はあります。この小さな学校で起こった奇跡についても、紹介させてください。

全校生徒数三〇名弱のこの小さな高校は、農業高校を前身としており、生産物の学校祭での販売や、農場を活用した小中学校との交流も盛んです。

山口県では、インクルーシブ教育を推進していますので、近年では、障害のある子どもたちや不登校経験のある子どもたちも高校に入学してきます。彼ら彼女たちにとって、高校への入学は、成長の大きなチャンスである一方で、環境の変化、とりわけ入試は大きなハードルとなりがちです。彼ら彼女たちは、どれほどの勇気をもって、その日を迎えるのでしょうか。中学校時代に高校に

足を踏み入れ、高校を体感する経験があれば、先を見通すことができ、過度な負担なく高校生活をスタートすることができるのではないか、そのような思いで、中学校の特別支援学級や、不登校の生徒が通う教育支援センター「萩輝きスクール」と農業を通じた交流学習を行っています。
そのような経験値があったからでしょうか。とても感動的な職員会議を経験しました。高校入学者を決める選抜会議での出来事です。学力検査が課せられる第一次募集で、他校を不合格となった中学生が、二次募集に出願してきました。かなり学力が低く、欠席日数も多い生徒でした。面接試験が終わった後、合否を決定する会議で、ある先生「面接では、本当によくこの学校のことを調べていて、学力試験の得点がどうしてこんなに低いのか、不思議なくらいだ。」、すると別の先生「でも、その内

容って、パンフレットを見れば誰でも答えられる内容だったですよね。」、これに対して別の先生「それでもすごいことじゃないですか。この子は、ほんの二日前、第一志望の高校に不合格になり、絶望の淵に立たされていたのですよ、そこから、中学校の先生と必死に準備してきた、その姿を想像できませんか。」「高校生活を送るチャンスをあげましょう。続けることが難しくなったら、その時に、一緒に次の進路を考えてあげましょうよ。そういった役割・取組が、今、この学校に求められているのだと思います。」

審議した結果、合格になりました。その後、ほぼ皆勤で高校生活を送ったそうです。中学校時代は不登校で、高校では皆勤、最後は生徒会長になった別の生徒は、以前、こう話してくれました。「高校になったら、学校に行けなかった自分を変えたいと思った。何度も、家庭訪問をして声をかけてくれた中学校の先生に、がんばっている姿を見せたいと思った。」高校に入学する時、生徒はスイッチを入れ替えます。その時、中学校の先生方のそれまでのご尽力が背中を押しているのです。そういう例はたくさんあります。高校では、しばしば奇跡が起こります。

## ○高校は輝き続けていなければなりません。

多くの地域で大きな課題となっている人口減少。その要因の一つに、高校卒業後の人口流出の

問題があげられます。そのことが学校の小規模化を加速しており、今や、学校の課題と地域の課題は直結しています。高校は、地域と一緒になって解決に向けて取り組まなければなりません。地域と協働するコミュニティ・スクールは、その解決の糸口となります。また、子どもたちは、小中学校のコミュニティ・スクールの活動を通して、自分たちが地域から期待され、応援していただいているという期待感・安心感や、地域に育てられてきたということを肌で感じており、そうした実感が、ここで紹介した取組につながっているように感じています。

高校生が力強く地域で活躍する姿は、まちを明るくし、明るい未来を想像させてくれます。なぜなら、高校生は、もうすぐ、私たち大人の仲間になる存在だからです。高校が小中学校とつながり、小中学生にとって、身近な存在となることで、将来を見通すことになります。故郷を離れて生活している人にとって、高校時代の経験・思い出は、今と故郷をつなぐ結び目になります。高校は、今の高校生はもちろんのこと、未来の高校生のために、昔の高校生のために輝き続けていなければなりません。

創立一五〇周年記念事業で建立した「萩高宣言」の石碑には、生徒たちの言葉をつないだ、次のような言葉が記してあります。「わたしたちは　萩になくてはならない学校づくりの力となる。未来まで続くふるさとを創造する光となる」。

（竹村　和之）

コラム

## 萩高等学校の奇跡

大学生の頃だったか、「二四時間戦えますか」というコピーがテレビCMでしきりに流れていました。ご存じの方は、シニア世代の方かと思われますが、当時の私は、アルバイトで夜遅くなった時や、友人に借りたノートを徹夜で写し取る際などに、口ずさんでいたことを思い出します。それから、就職して二〇年余りが経過。転勤により、教育委員会事務局でバリバリと働く竹村先生に接する機会を得ました。仕事に向き合う真摯な姿をあこがれの羨望で見つめていた時、あのコピーが脳裏に浮かんできて「自分は、このままではいけない」と考えを改めることとなりました。

それから、さらに一〇数年が経過し、仕事に費やす時間を減らして質を高めるなど、効率的な働き方が求められるようになりました。やはりここでも竹村校長は、時代に合った戦略的な学校経営をバリバリと実行していました。

例えば、メディアの効果的な活用です。地元ケーブルテレビ局と連携し、学校の近況やサンドアートでの取組などを地域の方に向けて一斉に発信。コロナ禍で外出自粛を余儀なくされた地域住民の気持ちをほぐしています。

また、地元萩に止まらず、全国ネットにも自ら先頭に立って登場。外部からの鑑定を通して地域住民にふるさと萩の価値を再発見させる仕掛けを施し、地域住民をあっと驚かせています。

さらに、子どもたちが地域に出かけて行き、五感を通じて地元萩の食品や伝統などのよさに触れ、対話を通して関係者の思いや願いに共感できる場を体験できるようにしています。

こうした様々な取組自体が、単に効率化されたわけではありません。むしろ子どもたちは、学校課題や地域課題に気付いて解決策を練ったり、研究過程ではデータの数値化に挑んだりするなど、以前に増して試行錯誤を繰り返したとさえ言います。中には、学校外に子どもが出て行くことにより、非効率で無為な時間を過ごすことになるのではないか、地域のことまで考える余裕があれば教室で、もっと効率よく学ぶべきだと思われる方がいるかもしれません。

しかし、竹村校長は経営者として目標達成に向けて一人ひとりが動ける組織づくりを進めていました。二四時間を一人で戦い抜くのではなく、多くの信頼できる大人が分担して子どもに関わることのできる教育課程の作成。それを意図的・計画的に営み、継続性あるものとする仕組み。これらの構築作業を推し進めるのは骨の折れることだったと推測できます。

そこを乗り越え、教職員や保護者、地域住民をはじめ多くの信頼できる大人を巻き込み、どの子にも力の付く学校経営を行った原動力は、人口の減少や流出による地域衰退への危機感だったのではないでしょうか。竹村校長による冷静な分析と熱い語りに影響された地元住民のOさんは、竹村校長のことを密かにこう呼んでいます。

「萩のお宝人材鑑定士」

# 第四章　続　奇跡の学校　座談会

**参加者の紹介**

山口市教育委員会教育長（元山口市立湯田中学校長）　藤本　孝治
山陽小野田市教育委員会教育長　長友　義彦
柳井市立柳井中学校長（前光市立浅江中学校長）　吉岡　智昭
下関市立文洋中学校教頭　大田　誠
山口県教育庁義務教育課長　林　謙吾
下関市立大学特命教授・文科省コミスクマイスター　小西　哲也
山口県教育庁審議監　中村　正則（司会）

## 一　学力向上に対する地域の教育力

**中村**　それでは、まず「コミスクのよさや意義」を浮き彫りにしていきます。続いて「どんな課題があるのか。それをどう解決していくのか」。そして、最後には「課題をどう乗り越え、コミスクはどこに向かっていけばよいのか」ということで、話を進めていきたいと考えています。

では、吉岡校長先生、山口県を牽引してきた浅江中のコミスクのよさや意義についてお願いします。

**吉岡**　昨年度まで浅江中にいました。浅江中はコミスクの先進校ということで、県内だけでなく、県外の校長からも、「視察に行きましたよ。」とよく言われる学校です。
浅江中校長として、学校運営協議会にはじめて参加して感じたのは、地域の方の意識の高さです。これまで学校と地域の人で練り上げてきた、目指す子ども像である「一五歳の浅江っ子像」と照らし合わせながら、意見を言われる。例えば、授業が改善されると、『浅江っ子像』である『自信をもつ子』につながりますね」といった意見が、自然にどんどん出てきます。
毎回、学校運営協議会では、すごい緊張感を感じていましたね。本音で意見を出し合う。例えば、「前期の授業改善の結果はこうでした。」と包み隠さずデータを出すと、経営ビジョンと比較しながら、当然厳しい意見が出てくるわけです。こうした意見が出れば、学校経営者として、その意見をもとに後期にどうしていくか、どう授業を改善していくかと具体策を打っていかなければならない。それをまた学校運営協議会の人が見に来て、サポートしてくれる。こうした繰り返しでした。

**大田** 文洋中の学校運営協議会では学校課題を明確にして委員と協議します。例えば学力に関する課題であれば委員にデータを提示し、どこに課題があるか公開します。委員の皆さんは当事者意識をもって参加していますので、自分の地域の子どもをどうするか考え、「地域ではこういったことができますよ」など、様々なアイディアを出してくれました。例えば、夏休みの補充学習が、それによって実現しました。

**中村** 学力向上に関する地域の人々の当事者意識ってどういうことですか。

**大田** 地域の方は自分の地域の子ですから、「子どもの自己実現を地域としてどうにか支援したい」と思われています。委員は、そもそも社会参画意識が高く、「地域をどうにかしたい。この地域をこ

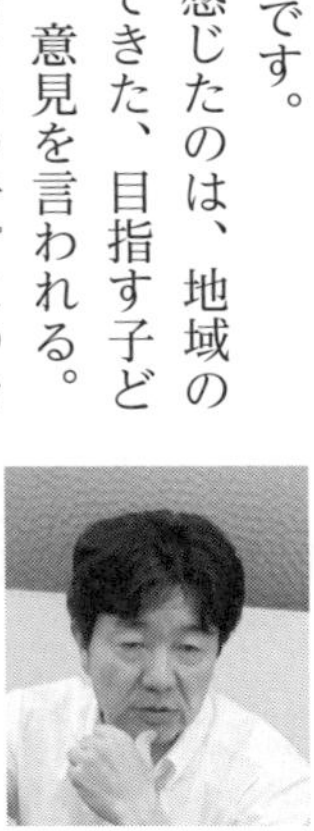

うつくりたい」と思われていますので、学力を視点にしながら、この子たちの学力が未来をつくるみたいな話に行きつくと、子どもを皆で支えていく当事者となると思います。

**中村**　分かりました。学力をみんなで支えていこうということが出ていますけれど、教育長の立場から長友教育長、今の話を聞いて、学力向上とコミスクで何か今実践されていることなどありますか。

**長友**　地域の人に授業を見てもらうということを積極的に進めています。しかし、本市は、学力に関して学校が地域に対してうまく説明できていないと思います。地域の人からは、授業中にぼんやりしている子、真剣に取り組んでいない子を心配する指摘がいつも多いのです。つまり、地域の方々は、子どもたちがしっかりと授業を受けてくれれば、先生の話を聞いていれば学力がつくという意識だと思いますので、学校が目指す授業改善や学力とは違う視点になっていると感じています。

**林**　今、授業改善で、長友教育長からあったように、地域の方の見方というのがある一方で、教員の見られ方というのがあると思います。教員の見られ方には格差があり、地域の方に授業について様々に言われるのが嫌だという教員もいるんじゃないかなと思います。そういった意味で、浅江中のように学校全体で目指す子ども像や授業像を、地域の方あるいは保護者と、学校がすり合わせていくというところが重要だと思います。

**吉岡**　浅江中では、学校運営協議会の中で「つながる授業」を目指すことを示しました。「子ども主体で、子ども同士の発言がどんどんつながることによって、課題解決を目指す授業を目指しましょう」と学校運営協議会でも提案して、承認をいただきました。これは、ＰＴＡ総会や生徒総会でも共有をしました。つまり、目指す授業像を教職員だけが知っているのではなく、子どもも分かっているし、保護者も分かっているし、地域の方も分かっている。そういう土台づくりをしました。

その上で、学校評価をすると、「つながる授業」ができていなかった。だから、学校運営協議会で「外から見ているだけじゃなくて一緒に授業に入って、子どもと一緒に考えながら、子どもの発言を後押ししていこう」ということになり、授業に地域の方がどんどん入ってくださった。地域の方も学びながら、子どものサポートもする。これは、非常によかったです。

**中村** 小西先生、地域の方が参加するユニット型研修を含めた話をお願いできますか。

**小西** 山口県で、コミスクの四天王と言われた、上宇部中、浅江中、湯田中、萩東中が、なぜあそこまでコミスクが熟成したのかを考えると、その原点は先生だと思いますね。先生方が心を開き経営に参画することを厭わなくなったことです。コミスクが熟成していくツボは、心を開く術として授業をいかに開くか、このことに尽きると思います。普段の授業をどう開き、そのために自分の授業をどうつくるかということが大事になるのだと考えています。

萩東中コミスクの初代校長で、現在は萩市教育委員会教育長である池田校長は、当時、子どもが行う授業評価を毎日実施された。教員一人ひとりの授業を子どもの視点からあからさまにした。それがあったから、先生方の地域連携に対する意識が大きく変わり次へと展開できたのだと思っています。

**藤本** 私もそう思います。今からちょうど九年前ですが、私が湯田中校長だった時、「地域とともにある学校にしよう、全国に誇れる学校を目指そう」ということで、コミュニティ・スクールを核とした学校経営をしました。そこでは、授業を開くということを徹底して、地域の人に授業や校内研修にどんどん入っていただいた。かなり辛辣な意見も出ましたが、一人一授業公開のミニ研修会のたびに地域の人に来ていただいた。その時に学力が一気に上がったのです。また、思いやりの心とか、非認知能力も一気に上がっていきました。

**中村**　学校の内部関係者だけじゃなくて、外から学校にいろんな人が入ってくることの価値についてご意見いただける方はいますか。

**吉岡**　学校運営協議会は、地域自治の主体者が学校の中に入ってくるということなんですよね。生活している地域をどうしようかと日頃から本気で考えている人が、学校運営にも関わるということなので、やっぱり本気で考えますよね。

我々は、教育の専門家として、どうしても学力ベースで物事を考えるんですけれど、それだけでなく子どもたちを一人前の社会人として、「地域の担い手」にしていくための資質能力をどう育てていくか、だから学校はいかにあるべきかを常に考える。そういう発言をしてもらうことは、学校の教育機関としての機能を高めることにつながると思っています。

**大田**　私の学校の学校運営協議会委員の一人に、不動産リノベーションで空き家問題の改善にチャレンジしている人がいます。比較的、一般社会とのつながりが薄くなりがちな教職員だからでしょうか、昨日も若手教員が「今日も、Hさん来ますかね？　また文化祭の相談をしたいんですよね」と言っていて、これはいいことだなと思ったんです。地域社会全体に高くアンテナを張っている方から教職員が学ぶことの意義は大きいと実感しています。

もう一つは教育課程。校内では、学習指導要領でめざす資質能力の描き方はこれまで脈々と続いてきた、過去からの積み上げで未来をつくっていくという見方ですが、学校運営協議会の皆さんはつくりたい未来というゴールから発言をするというバックキャスティングアプローチをされます。我々とそもそもの

考え方が違う。こういう資質能力がこれから必要なんだという観点から「こんなことができるよ。こんな力がいるよね。」と、意見を言っていただける。こうした発想は教育課程の改善にも十分に意味があると思っています。

## 二　教職員や管理職、地域住民らコミスク関係者の意識

**中村**　教育課程の改善で言えば、湯田中では地域の人がどんどん入ってきてくれたから、子どもたちの自己有用感が九一パーセントになったとか、学校が楽しいっていうのが九一パーセント、そして、真面目に掃除をするが九八パーセントなど、教職員だけではできなかったよさが数値に現れてきたことがあったと思うんですけど、地域の人と一緒になって活動することに対して、学校内外には最初から抵抗感はありませんでしたか。

**藤本**　地域の人を学校に入れようということで、最初、学校給食試食会から始めたのです。その時一〇〇人くらい来られました。地域の人に「学校は楽しいから、どんどん来てくださいよ」って言ったら、ある地域の方が、「いや、それは難しい。学校の門から一歩というのがなかなか踏み入れられない」と言われました。自分たちと地域の方々の思いは乖離しているとすごく感じました。だからこそ、赤ちゃん広場とかのイベントをしたり、地域の方々を校長室に入れたりする取組をどんどん始めたんですね。地域の方々が入ることで、子どもたちの意識がだんだん変わってきました。最初は外部の方が学校に入ってくることに対する教員の抵抗感もありましたが、子どもたちの変容によって教員の意識もだんだん変わってきました。

**中村**　コミスクのつくり方という点において、まずは「地域に開いていく」というのが一番なんですね。

**藤本**　はい。やっぱり校長の熱き思いが大切だと思います。学校をこういうふうに変えるんだという熱き思いがないと、地域の人に対して口でいいことを言ったって、この校長はやる気がないなということをすぐに見抜かれますから。

**小西**　藤本教育長は、教頭時代から手書きの学校だよりを発出していて、それを地域の人が楽しみにしていましたよね。地域の人が、次の学校だよりは、「まだかまだか」と、学校におねだりに来たっていう話を聞いたことがあります。コミスクの校長として、「こんな学校をみんなでつくりましょう」ということを発信していく。こうした仕掛けを校長時代に徹底することで、湯田中がわずか一年、二年で激変しましたよね。「地域の人が学校に入ってくれたらこうなります」「こんなことができるようになりました」ということを、繰り返し、繰り返し発信してきた。それで一気に学校ができ上がっていったんだろうと私は見ていました。

今、管理職の意識付けというか、リードを誰がやるのかということが大きな課題だと思います。管理職に任せておけばいいのか。地域の課題を考えた時にそれだけではないように思います。教育委員会が一緒になって進んでいこうとする体制も必要だと思っているところです。

## 三　学校任せにしない、コミスクの伴奏支援体制の整備

**中村**　山口県も各学校によってコミュニティ・スクールの充実度に差があるので、そこはきちんと是正をして水準化を図っていかなければならないという考え方があります。

そこで、長友教育長、林課長、市や県として、どのような伴走支援が必要と考えておられますか。

**長友** 先日、校長にアンケートをしたんですよ。そうするとですね、「コミスクが機能している。まあまあ機能している」と、全員の校長がそう答えるんですよね。コミスクをもっと機能させることができるのではないかと私は思うんですけど、「校長は現状で満足している」という実態があります。現場の校長先生方たちは、地域の方々の学校行事や授業への支援、子どもたちへの地域へのボランティアができていれば、学校運営協議会は機能していると考えているのではないかと思います。これをどう変えていくのか、そこの意識改革を図ることが本市の課題です。

そこで、浅江中の実践を聞いて、なるほどと思ったのは、マネジメントについてです。学校の取組について、例えば、「ある取組をこれくらいする」という目標を立てて、それができたかということをきちんと評価しないといけないと思うんですね。しかし、取組に対する成果については評価がされていないと感じています。例えば、子どもが主体となって話し合う授業を、学校全体で毎週三回やろうという目標を立てたとします。その目標を子どもや地域の人とも共有する。そして、地域の人が授業を見て子どもの姿を評価していく。教育委員会としては、そういった取組がきちんと示され、地域、子どもと共有され、評価・改善に至っているかをしっかり確認することが伴奏支援につながると考えています。

**林** 県全体としては、学校訪問が重要な手段だと考えています。学校によっても、校長によっても状況が違うので、その学校にどういった目的で入るのかというのを教育委員会で策を練って訪問に行き、伴走支援していくことが大事だと思っています。

もう一点、伴走支援をする中で、校長の本気度を何をもって判断するかです。市町教委の指導主事と連携し、学校運営協議会において子どもを交えた熟議の回数や内容などについて、実情に応じて丁寧に支援できる「学校担当指導主事制度」を機能させていきます。何らかの理由で本気度が前面に出てこない学校があれば、山口県の子どもたちのためにも、教育委員会が前に立ってしっかりと引っ張らないといけないとも思っています。

**大田**　長友教育長の話の中で、「校長に質問したら、結構よくやっている」といったポジティブな評価が多かったというのがそれに当たるのではないでしょうか。校長は、自分の学校のことをベストとは言わないけれど、ベターだと思っていることが分かります。自分の学校を悪いとは思っていないので、学校の変革を実現するには、学校運営協議会委員から「このままでは学校はダメだ」って言ってもらった方が早いと思います。例えば、学校運営協議会の会長を集めたミーティングをして、他校の状況と比較して自分の学校の状況を把握できる機会などがあったら、委員も校長に言いやすいと思いました。

## 四　コミスク充実のための目標と評価

**小西**　それはね、指標をもたない学校が多すぎるからだと思いますよ。学校経営には指標がいりますよ。藤本教育長の山口市は、これだというね、いわゆる水準をもって取り組んでいる。これまで、県も市もやってきたはずだけど、そこが今、ないがしろにされているのかなと思います。だから、校長が他校と比べるのは、指標を持っていないからだろうと思いますね。他校とくらべてどうなのかが気になるのでしょうね。でも、指標がきちんとしていたら、他校と比べなくても、教職員全員でやるべきことがはっきりすると思いますよ。

吉岡校長（浅江中）が言われた「一五歳の浅江っ子像」は、指標として地域の人にも行きわたっていて、何かやろうと思ったら、「これ」と「これ」はつながるね、「これ」は「あれ」につながるねってみんなが言える。それぐらいにわかりやすくてとっつきやすいから、先生方もすごく動きやすくなっている。

浅江中の若い先生方の指標の理解度はすごい。これまで、何回も浅江中に行ったけれども、何度聞いても、生徒会の生徒とか、若手の先生方とかの説明はわかり易い。いつも感心させられる。校長がいつも座ったままで何も言わないのもすごいけど。

**中村**　指標について、学校の管理職が指標をもっていないので、評価が人によってまちまちだということ。また、県教委や市教委の指導主事が学校に入っても、何をもってコミスクの充実度や改善策などについて判断すべきか分からないというようなこともあるということが出ています。

そこで、です。何をコミスクが目指し、誰がどう評価していけばいいのかについて切り込んでいきます。

**小西**　ＣＳマイスターとして他県の研修会に呼ばれたときによくある質問は、「働き方改革に逆行しているじゃないですか」、「忙しくなるんじゃないですか」、「ＰＴＡの役員とはどう違うんですか」、それから「学校評議員とどう違うんですか」、「これまでの地域連携と同じじゃないですか、何が違うんですか」、「学校運営協議会にどんな人を立てればいいのですか」とか、「はっきり何をすればコミスクなのですか」って、こういう質問ですよ。それで、「何をしたらコミスクに見えるんですか」って聞かれたこともあって、「は？」ってびっくりしました。

**中村**　要は、今、なぜコミスクなのかっていうところが全くないと。「何をすればコミスクに見えるか、コミスクをやれと言われるからやろう」といったことだと思うんですけど、コミスクをやる目的とそれに関連した評価についていかがでしょう。

**吉岡**　結局は、「地域の担い手」を育てることが大切だと思うんですよね。それはもう学校の力だけでは絶対できない。地域の総力を上げて「地域の担い手」をつくるんだっていうことが、本当にシンプルな目的だと思います。そのためには、子どもにどういう力を付けようっていうのが具体的に出てくる。浅江地域は、「浅江っ子像」が指標になっていますが、その中の一つに、「自分に自信がもてる子ども」があるんですけど、昨年度はそこにフォーカスしました。

　生徒質問紙での項目や独自調査とかもやったんですけど、自己肯定感に関する項目がガクッと低かったんですよ。地域愛とか、課題解決能力であるとかそういうところは高かったんだけど、自己肯定感だけが引っかかった。地域の人もそこに注目をして、それどうしようってことになったわけです。そして、学校も地域も何かできることはないかって動き始めたわけなんですよ。

　例えば、地域の人が昼休みにコミュニティルームに来て待っている。そしたら、学校の中で居場所がなくて、昼休みに、校舎をぐるぐる回っている子たちがそこに行き始めた。そこで地域の人と雑談をする。そして、リフレッシュして授業に戻っていく。これを「あさなえサロン」って言いますが、そんなことをやりながら、日頃、教員とでは話せないようなことを、昼休みを使ってちょっと地域の方と話すことで、心の居場所みたいなものができて、自己肯定感が少し上がってきた。

　さらに、地域の人だけでなく、ＰＴＡも関わってきて、家庭教育支援チームも絡みながら、今はやっています。これは、自己肯定感っていう指標がはっきりしていて、明らかに低いっていうのがみんなで共有できたから具体的な改善策につながってきたんだと思います。

**中村**　藤本教育長、前著『奇跡の学校』に、湯田中学校ではコミスクで自己有用感が高まったとありました。ここにコミスクの底力があるんだとも語っておられて、それがまた「湯田中がものすごく好きだ」ということにもつながっていますよね。

**藤本**　当時、いろんなことを仕掛けると、忙しくなるんじゃないかと、よく言われました。でも、全く忙しいと思わなかったですね。毎日ワクワクしていて、こうしたら子どもたちが変わるんじゃないか。学校が変わるんじゃないか。地域が変わるんじゃないか。いつもそういうイメージしかしなかったですね。

　例えば、子育て支援「湯田中ひろば」をしようと言ったときに、そんなことできるわけないと言われていたこともありましたが、最初は、それを実現するために、校長である私自身が中心となって企画運営をしていきました。しかし、途中からは子どもたちが主体的に関わりたいと思うようになりました。そのような中、子どもたちの方から、「自分たちも関わって、いろいろ提案させてもらっていいですか」と聞いてきたので、「もちろんいいよ。あなたたちの学校じゃないか。いろいろいいアイディアがあったら提案してね」って言うと、子どもたちは喜んでどんどんやり始めてくれました。

　コミスクは、子どもも大人も含めたウェルビーイングというか、その幸せの実現というか、それを目指すツールであると思っています。子どもも大人もみんなで一緒に地域をつくっていくという意識、大人の当事者意識を変えていく

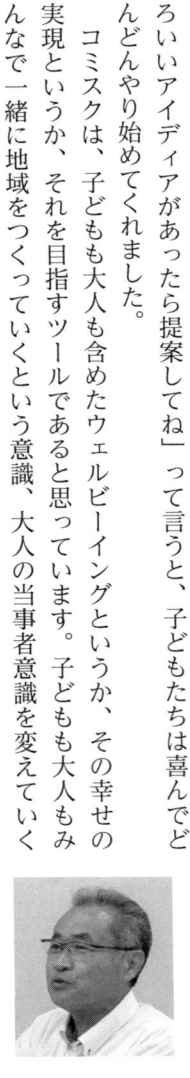

ことが、「大人の学び」にもつながるんじゃないかな。

## 五　地域の「大人の学び」と子どもの学び

**中村**　「地域の担い手」を育てることを目指していく中で、自分に自信がもてるとか、自己肯定感、有用感をもてるようにすることは、担い手づくりの第一歩なんじゃないかっていう意見に関してどうですか。

**小西**　自己肯定感が高まったら、「地域の担い手」になれるのか。それはなんか無理やりすぎるような気がする。私もよくこの言葉を使ってきたんだけど、「地域の担い手」とは一体何なのか。分かるのは五〇年後ですよね。では、今、何を育てなくてはならないのか。当然、自己肯定感や自己有用感を育てることは必要なんだけども、大人との出会いがそれを高めることは間違いない。まさしく大人の活動と子どもの学びをどのように融合していくのかということが、社会に開かれた教育課程の実現であるとか、社会性を子どもたちが獲得するなどにつながってくると思います。

大人の学ぶ姿を見て、子どもは憧れとか、あんな人になりたいとかね。この地域で自分もがんばってみたいとかね。そういう気持ちを育てていくことができるんじゃないかとは思いますよ。今は、これを信じてやっているだけで、五〇年経たないと、それは分からないことだけど、大人が一緒にがんばらないとダメで、大人もがんばってほしいと私は思っています。

前職は公民館にいたので、ぜひ中学校でいろんなことを一緒にやってくれないかということをお願いし続けたんだけども、段々と形になっているなと思っています。本当に大人もがんばることがない限り、もう村じまいに向けて一気に進んでいくと思います。

**藤本**　山口市立徳地中学校は、空き教室をイングリッシュルームに切りかえて、子どもたち、地域の人が一緒に英語を学んだり、漢字検定や数学検定などを一緒になってやったりしています。以前、地域の人と子どもたちが一緒に英語をやっている授業を見たときに、地域の方の英語力が非常に高いことにびっくりした。お年寄りの方が結構英語をしゃべっているんですよ。その姿を子どもたちが見て、「えっ、すごいな。自分たちも勉強しないといけないんだ」と感じていて、相乗効果というか、ともに学ぶ効果がすごくあるなということを感じました。

**林**　義務教育課で、改めてなぜ「大人の学び」が必要なのか、という話合いをしました。その時に、子どもたちは大人の何に憧れるのかというところを、学校がよく考えをもっていないといけないという話になりました。やっぱり子どもの主体性の育成はすごく難しいじゃないですか。身近な大人が、主体的に動いている姿を見ると、子どもたちもそこに憧れるんじゃないかなと思っています。

もう一点、中学生は自ら本気になっている姿を見られるのが苦手な時期に来ていると思うんです。地域連携教育のアンケートで、「自分の住んでいる行事に参加しているか」とかいうのがコロナ禍で激減しているんですね。「地域をよくするために何か考えることがある」という項目も激減してきている。こういったことから考えても、大人の本気というものに触れて、憧れる機会を増やすことは絶対大事なんじゃないかなと考えています。

さらに、大人が目の前で無邪気に楽しんでいる姿に子どもたちがついていくというのは、傾向としてあるなと感じています。

**藤本**　「大人の学び」というと、公民館での講座のイメージが強いんですけど、やはり学校を起点とした学びも大事だと思っています。大人の学ぶ姿を見て、子どもたちはもっと自分たちでやらないといけないと思うし、高齢者の方々の生きがいにもつながる。やはり学校の起点とした学びということも、すごく大きな意味があるんじゃないかなと思います。

**長友**　平成三〇年度に県教育委員会から委託されて、山口大学教育学部が「やまぐち型地域連携教育の取組による成果検証についての調査報告書」というのを出しているんですね。その報告書の中で、今まさにおっしゃられたことなんですけれども、「あなたは自分の地域の大人のようになりたいと思うか」という項目については、「あなたは学校や地域で触れ合う大人の活動や様子を見て自分もがんばろうと思うことがありますか」それと、「地域の人が授業に参加されると学習に楽しく取り組めると思いますか」への回答が大きく関係していると分析されているんですね。

まさに今、林課長が言われたような大人の姿を見て学ぶというのが統計的にもきちんと出ているので、ここは重要な点だと思います。では、大人の学ぶ姿をどこで見せるのか。公民館に出かけて一緒にやるのもいいですし、学校の中で一緒に学ぶこともあるでしょう。また地域の人が自分たちのためにいろんなことをやってくれている姿を学校行事や総合的な学習の時間などみることもできるでしょう。こうしたことを子どもたちに意図的に見せることが大事ということですよね。

**中村**　今、長友教育長が話された調査ではいろんな評価指標を作った上で、子どもたちにアンケートをしています。

先程、コミスクの水準化という話があるましたが評価基準は、学校の状況に応じて異なってくるという見方があると思うんです。東京でやっていくコミスクと山口県でやっていくコミスクが全く同じ評価をするということではないと思うんですよね。もしかしたら、山陽小野田市の中でも地域によって評価基準が違っているのかもしれない。そこで、一律に全ての学校で基準を統一していくということが果たして必要なのか、長友教育長はどうお考えですか。

**長友**　本市では、この調査アンケートをもとに、毎年、コミスクの評価ということで全部の児童生徒、それから教職員にアンケートをとっています。そのアンケート結果はすべて学校ごとに分析して、各学校にフィードバックしているところです。

その中で、地域に住みたいと思うという子は、多い学校もあるし少ない学校もある。そういったものを見ながら、何が欠けているんだろうというところまで突っ込んだ熟議を学校運営協議会でしてほしいなと思っています。まだそこまでは至っていない学校が多いというところはありますが、こういった資料を教育委員会が年次的に出すことで、学校の立ち位置に応じ、ねらいを明確にした活動を設定することが評価にもつながるのかなと思います。

**中村**　学校評価やアンケートを通じて、目標に対する評価が大事であるということがありました。もう少し評価指標についてお考えがあったらお願いできますか。

**小西**　去年、ご協力いただいたアンケートは、兵庫県も長野県もあったので一五、〇〇〇人くらいの中学生が回答してくれた。その中で「地域でがんばる大人をよく見かける」子は九、〇〇〇人近くいて、そのうちの七〇パーセントの子どもは、将来自分の地域を元気にしたいと思っている。地域で大人のがんばる姿をあまり見かけないと回答した八〇〇人くらいの子は、自分の地域を元気にしたいと思うが三四パーセントくらいなんですね。いかに大人ががんばるか、学ぶか、楽しむかという姿を見てもらうことが大事かということを物語っていると思います。

もう一つは、居場所です。浅江中の「あさなえサロン」に通う子どもたちは居場所を認識して自己肯定感が高まった。教室に居場所がない子は、ＰＴＡルームだとか地域の大人の居場所で自己肯定感を確かに高められている。さっきの吉岡校長先生のお話にあるようにね。子どもたちにとっても地域の大人がいつもいろんなところにいてくれるという取組をつなげていくことも、一つのコミスクの成長のポイントかなとも思います。

先日、中学校の運営協議会で、まちづくりをリードしていらっしゃる方のプレゼンで「ふるさとに愛着が強いほどＵターン希望が多い」というデータを紹介していただいたんです。要するに地域愛ですよ。地域が好き。地域を誇りに思う。そんな子をいかに育っていくのかというのも地域の大人の責任じゃないかと思う。それをしなくて、中学校を卒業させてしまうと子どもたちは地域に帰ってこないんだと思った方がいいということですよ。学校の先生に、これらを何もかもやってくださいということ自体はもはや無理な話でね。子どもが自分たちで地域愛を獲得してくれるかどうかは、地域にかかっているんだと認識した方がいい。それを取りまとめるのが校長のコミスク経営の一つの大きな仕事と思います。

## 六　学校教育と社会教育の融合

**中村**　学力の話から入り、授業を開いていくことが突破口になるということ。そして、学校を地域の人の憩いの場にするということから、「大人の学び」に話が発展してきました。さらに、地域が好きだという子どもが、将来の山口県を担ってくれるんじゃないかというところで、様々な指標を持って「地域の担い手」を育てていこうという話になっていきました。

山口県でも大きな課題の一つになっている学校教育と社会教育がいかに融合していくかという話です。公民館では、高齢化が進んだりして、人々の参加状況が低くなってきたとも言われています。そんな中、地域の課題と学校の課題の両方を解決していくような役割を学校運営協議会が担っていくことについて、文洋中の取組から大田教頭先生のお考えをお願いします。

**大田**　学校課題と地域課題についてですが、例えば本校のスマホ教室の場合、学校はスマホ長時間利用問題や睡眠の問題があるので、継続的に指導しています。一方、地域の方もおじいちゃんやおばあちゃんのスマホのネット詐欺の未然防止など、課題があるわけなので、そこを同時に解決する取組を公民館と一緒に行っています。その時に学校に大人が入ってくることも必要ですし、子どもが地域に出ていくことも必要だと思います。これからは、公民館的機能を備えた学社融合の学校づくりなど、多世代交流の場としての機能を兼ね備えることも必要になってくると思います。千葉県の例では、学校施設の鍵を渡して、学校の中に公民館と同じように団体が入ってきて、一緒に活動しているようです。セキュリティの問題などで学校がなかなか開かないなど難しい面もあるかもしれませんがこうした活動が必要になってくると思います。

**林**　県内には、柳井市に学校の中に公民館の機能があるという学校が二校ありまして、取組の一つのヒントにはなると思っています。県が施策的に考えるときに、いわゆる社会的な課題の解決を、学校の中で図っていく仕組みづくりがこれから重要になってくると思います。

**中村**　湯田中の取組で、子育ての課題を、学校の中に取り込んで、それが生徒の教育にもよい効果があるというようなことをやられました。

**藤本**　「湯田中ひろば」は、学校を拠点とした地域づくり・人づくりという視点と、もう一つは子どもたちの思いやりの心とか自己有用感とかそういったものを醸成したいという二つの目的でやりました。これをやる意味を学校運営協議会の人たちに諮り、これはいいことだと言ってもらって、実現したわけです。生徒たちにとってすごくいい機会になりました。参加したお母さん方も生徒に接してとても優しい気持ちになれたとか、自分の子どももこんな子どもになってほしいといった気持ちを伝えてくれました。

先日、山口市立二島小中学校で、小学校五、六年生と中学生全員、それから地域の方々で、テーマを二島地域の地域課題にした熟議を行いました。今までどちらかというと、学校課題がテーマだったんですけど、二島地域の課題は何かと考えたときに、子どもたちから、少子高齢化や人口減少、あるいは地域行事への参加者が少ないとか、地域のごみ問題などが出て、子どもたちが実は大人同様にすごく真剣に考えていたことが分かりました。そして、この課題をどうしたら解決できるだろうということで、子どもたちからいろいろないい案が出ました。子どもたちは、実は大人の姿も見ながら真剣に地域のことを考えているなと強く感じているところです。

**小西**　法律的には間違いなく、社会教育の目指しているところはまちづくりだよね。大人をつなげて学校以外で学ぶ学びが社会教育の定義となっているんです。その目指すところは何かというと、そこで学んだ大人の元気で、まちに元気を創出し、学んだつながりこそがまちづくりだということが社会教育なんだけど、そのことと学校教育が全く乖離しているので、学社融合ということが言われ続けているわけですね。

一方、教育基本法にあるように生涯学習社会の実現という大事な目標もあります。さらに他の法律には学校は生涯学習の拠点ですよともはっきり書いてある。要するに、子どもたちの学びも生涯学習の一環であり、「大人の学び」と一緒にできることはないかを問われているのだろう思っています。できることは、地域と協働してやってみることが必要なのだろうけど、どちらかというと学校の方が動きが悪いなあという気がするんですけど、どうですか。

**大田**　はい。そこを改善していくのが管理職の仕事だと思います。

**小西**　だから、浅江中がやっているような地域連携っていうのはすごい。「大人の学び」が受け入れられる。先生方も何かがつくられるのかもしれないというふうにも思うわけですよね。それで、よく「○○教育でまちづくり」というのがあるんだけども、まちをつくるというのは、人と人をつなげていくことで、そのことで子どもたちが地域愛を獲得するのだろうと思っています。地域の誇りを感じ、地域が本当に好きになるという取組を地域の方々と協働する事が学社融合の目指すところだと考えています。

ちなみに、まちづくりの目標と学校教育目標との関連においては、二〇一八年の中教審の委員会では、「よりよい学校教育を通じてよりよい社会を創る」というフレーズがはっきりと謳われているんですね。これは社会に飛び出して活躍する子どもたちが、社会をよくする。それもあるけれども、よりよい地域をつくるということですよ。だから、そのことを分かりやすく地域の方と本当に共有して、「一五歳の○○っ子像」ということを本気で考えていく学びを大人も一緒にやっていくべきかなと思うのです。

**長友**　本市はちょっとコミスクのスタートが他市町と違っていて、コミスクの担当課が社会教育課なんですよ。そこから始まったコミスクだからということもあるんですけども、公民館と学校の連携がかなり強い。館長が第二コーディネーターとして、学校に入っては「こういうようなことはできないか」とか、「こんな学びはどうでしょうか」っていう話はしていると思います。それで、地域との連携は、結構うまくできていると思っています。

一方で、教育行政については、社会教育課は社会教育課の範囲、学校教育課は学校教育課の範囲と分かれている仕組みにちょっと問題があるのかなと思います。セクショナリズムを極力廃して互いに連携・協力して二つの課がチームとして関わっていく。教育行政としては、そうしたアプローチをもっと進めていかなければならないと思います。

**小西**　私は公民館に三年勤めたおかげで、すごい経験をさせてもらいました。公民館では、「大人の教室」というのをお世話するんですね。毎年新たに登録に来られる団体も若干あるけれども、三年の間にも何組かの学びが終わるんですよ。高齢化ですね、それをまさしく「学びの終息」と私は考えていて、研究を始めているんですが、この「学びの終息」がまちを終わらせるんだとある種の危機感を抱いています。一つの趣味でもって、いろんな人が集まってきたけれど、「先生がお亡くなりになられたから私たちの教室はもう閉じます」ということもありました。もう年だから大変だということで登録を取り消す教室もあった。そんなことで公民館に集まることがなくなったお年寄りが家に閉じこもるのかと考えたときに、まちの灯までも消えてしまうような焦燥感を覚え、今こそ大人と子どもの学びをつなげておかなくてはと、校長先生にお願いした。現任の前のW校長です。コロナで制約のあるなか、少しずつ協力体制をつくりながら頑張ってきたところで現体制に引き継がれます。それで昨年、大田教頭先生に声をかけた。大田教頭先生は、何でも挑戦をされる。「学校でやりませんか」と次から次に声をかけてくれて、何組かが学校で活動している。その方々が学校で学ぶことを生きがいにしている。この話をぜひ大田教頭先生にお話しいただきたい。

**大田**　学校側に、「学校にとってのプラスがない」といった気持ちがあると、話は全然進みません。

私たちは、学校側から公民館で活動していたコーラス団体やヨガの団体、書道教室に声をかけてみたんですね。

まず、コーラス教室。その団体に音楽のプロがいて、中学三年生と一緒に歌ってみませんかと投げかけたら、すごく喜んでくれた。一緒に卒業式で歌う「群青」を練習しました。コーラスの皆さんもすごく喜んでくれました。子どもたちにとっても、単に練習になるだけでなく、一番はモチベーションが全然違いました。歌いたくないとかそんな子は一人もいないですよ。雰囲気がそうさせるのもあるんです。大人と一緒に学習するっていうのは、本当に双方にとってのメリットがあると思います。

やはり、子どもたちと一緒に学習するっていうのが一番大事なんですよ。いろんなパターンがあると思うんですけど、大人から直接学ぶこともあるだろうし、一緒に学ぶのもあるだろうし、大人が学ぶのを見て学ぶのもある。また、大人に子どもが教えることもあると思っています。スマホは、大人に教えることもできる。ヨガ教室、コーラスは、大人と一緒に学んでいく。こうしたことの価値を理解して管理職がまずは動いてみると、どんどん広がっていくんじゃないかなと思います。

**藤本**　湯田中には花を生けるボランティアがあって、私が校長だった当時の九年前から今もずっと続いていて、ボランティアに来るおばあちゃんの年齢は七〇歳から九〇歳。どんどんその輪が広がっています。当時、なぜ始めたかというと、おばあちゃん方が終活の話をしていたからなんですよ。もう残り人生はわずかだから、あとは仏壇に花を供えて終わりというような話をしていたから、「学校に来なさい。子どもたちと話すと元気になれるから来なさい」って私が言ってから、おばあちゃんが二人来て、三人来てどんどんどんどん増えていったという感じだったんです。

子どもたちと一緒に花を植えたり、花を生けたりとかすると、不登校の子も学校に来るんですよね。それから、一緒に授業を受けたりとか、部活動で美術部がしていた絵手紙をつくったりする活動とか、おばあちゃんも参加できるものを一緒にやったりとかしました。

「湯田中ひろば」を開くときは、赤ちゃん、中学生、お母さん、おばあちゃんと、まさに四世代交流ですよ。私は、お母さんの温かい眼差しやおばあちゃんが赤ちゃんを抱っこする姿を見て「ここだな」と思いました。おばあちゃんの生きがいにつながってきた学校って、なんかすごくいいんですね。子どもたちもおばあちゃんみたいにがんばろうという感じが出てきました。

**中村**　前著『奇跡の学校』の中で「大人の学び」もたくさん紹介されていました。学校に大人が関わるとすごく充実感があるということもありました。この「大人の学び」が終息してしまったら、まちが終わるんじゃないかっていう危惧がある中で、次の『続 奇跡の学校』では、いかにそれを維持継続していくかということも提案していかなければならないだろうという我々の方向性が見えてきました。

せっかく起こった「大人の学び」が、今後も一〇年、二〇年と継続していくかっていうことを考えたときに、誰がそこを担っていくんだという問題が出てきているわけです。じゃあ、それは学校運営協議会とか、学校の中で何とかしていかなかったら、まち自体が終わっていくんだという危機感をみんながもって学校でできること、あるいは地域と一緒になってできることはありますか。

**吉岡**　浅江中で、長く続いている活動があるんですけど、それは価値があるから続いているんだなと思っています。地域の大人にとってもプラスだし、そこに生きがいがあるとか楽しいとかっていうのもあるし、当然その学校の中で子どもたちにもプラスになっている。例えば、英会話や木工教室がありますが、これからもずっと続いていくんだろうなと思います。今度、浅江中学校舎は、移転するんですけど、その時にも地域と一緒に学べる空間を最初から作ろうっていうベースで話が進んでいます。地域と交流ができる特別教室を一階に集中させて、そこで子どもたちと地域の人がいろんな活動をする。地域の公民館活動もそういうところで一緒にやりながら、子どもたちの地域クラブの代替にもなるようなものをそこでやっていこうという、地域の大人の力も借りた空間づくり。そういう発想で今進んでいます。

**大田**　教育課程という観点から話します。校区に一〇三年続いている「カギ印ソース」という店があって、おいしい。私が通っている、歴史のあるお好み焼き屋もこのソースを使っている。でも、「カギ印ソース」の話をしたときに子どもは知らなかったんですよ。自分の地元に一〇三年もあるのに。つまり、自分の地域のことを意外と知らないっていうことを分かって、そこを知らずして卒業させるわけにはいかないなって思っています。

地域学習は、総合的な時間の学習の中で扱っていく必要があるなと思っていて、発表の場として公民館での文化祭に参加することにしています。これも今、二日間交流することが決まっております。今年は「カギ印ソース」と地元の伊崎漁港で獲ったイカを使って「伊崎焼きそば」として、バザーを展開しようと子どもたちは、はりきっています。こうした学習展開をしていくことで、地域と一緒になってやっていくということを実現していくというのを考えています。

これを継続させるのは「学校・地域連携カリキュラム」の役割になってくると思いますが、やっぱり学校の教育コンテンツの中にしっかり位置付けない限りは、地元のことを知らないまま卒業していくことになると思います。

**中村**　社会に教育課程を開いていって、みんなで教育課程を考えて必要なものを残していくことが大事だと。例えば、大田教頭が転勤でいなくなっても次の人がそれをみんなで実践できるようにしなければならない。空間づくりのことと、教育課程のほかに、維持、継続残していくために必要なことがあればお願いします。

**林**　その時々にこういうものが残っている体制として、主体者意識、必ずその地域にはいる主体者がたくさんいるということだと思いますが、それが、持続可能なまちづくりにつながっていっているんじゃないかなというふうに思います。やっぱりその主体者をどう増やしていくかっていうことがこれからの大きな課題であり、目標だと考えています。

## 七　学校運営協議会について

**中村**　もう一つ整理しなければいけない問題があって、「コミスクのつくり方」についてです。学校運営協議会を報告会という形式的なものではなくて、そこで課題共有をして、実際にみんなで動いていくための重要な場とするのがポイントだという話がありました。この学校運営協議会をどうやって作ればいいのか、ただ回数を増やせばいいのかというところではなくて、山口県としても、平成二六年から、浅江中の三層構造を例に、提案がなされてきました。最初にプロジェクト部会があって、次に企画推進委員会があって、最後に学校運営協議会があるということのよさについて、説明をお願いします。

**吉岡**　この構造設計はボトムアップなんですよ。要するに先生方全員が、地域に関わる仕組みを作って、先生方の発想を吸い上げていくという仕組みです。それが今もずっと続いている。また、ボトムアップであるんだけど、学校運営協議会は決めなくちゃいけない場なんで、何かみんなが好きなことを言い合って、気持ちよく終わる会議は絶対ダメ。そういう意味で、学校運営協議会は、何かをみんなで作っていく過程で、決めたことはトップダウンでしっかり徹底していくという仕組みでもある。仕組みとしてはすごくうまくいっていると思います。要するに全員で何かやるために、ボトムアップの機能が力を発揮することもあるし、トップダウンでいろんなことを徹底させる力もあるという、そういう両面の機能があるなと思っています。

## 八　これからの時代のコミュニティ・スクールとは

**中村**　いろいろご意見いただきましたけれども、最後は結論として、「これからコミスクをどのような方向にもっていきたいか。何をつくるためのコミスクなのか」ということを、お一人ずつ聞いていきます。

**大田**　コミスクの委員は、学校運営の共同経営者だと認識するというところが重要じゃないかなと思っています。四月の当初、学校運営協議会のＳＮＳグループを組ませてもらいました。要はオンライン学校運営協議会です。学校運営協議会は重要なんだけど、必要な情報は、もうこのＳＮＳ上の連絡で完結する、また、対面の協議会前にある程度提示しておく。協議会当日は、情報を提示する日ではないところが非常に重要で、この日は協議する日なんですね。報告会ではないんです。こうやって常日頃から、いろんなやりとりがあるわけですけど、情報をどんどん流していく。そこから始まるんじゃないかなと思います。学校運営協議会委員も、だんだん委員として成長していくという側面はあると思うんです。今後はどう引き継いでいくかとか、継続していくか、委員をどうやって交代していくのか、今後の一つの課題でもあると思います。それとは別の話ですが、よく私は教頭会で「いい委員をどうやって見つけてくるのか。」と聞かれることがあって、足を使うだけじゃないんじゃないかなということを伝えています。要は、人がつながっていけば、いい人はいい人を連れてくる。どんどん人と人がつながっていくことで、学校に情報が入る、学校も情報を出すことができる。こういう仕組みづくりをすることが、本当の学校運営協議会のスタートになると思います。

**吉岡**　さっき主体者のことが出ましたが、学校運営協議会に関わる地域の方々は、地域づくりの主体者意識がものすごく強いということをすごく感じています。だから、自分の意見があるんですよね。校長の立場としていろんな提案をするんですけど、それがすんなりは通らない会議ばっかりです。その中で、決まったら「よしやろう」と全体が一致して動いていくんです。

併せて、その三層構造の話で言うと、学校運営協議会も大事なんですけど、二層目の企画推進委員会というのがあって、そこがすごく重要です。結局、部会の活動を決めていくのはこの場なんですよ。要するにその、地域の人も入る、保護者も入る、教員も入る、それから生徒がここに入る、さらに卒業生が入る。これが対等な立場で、本音で話して、一年間の部会の活動が全部そこで決まっていく。これがすごく大事で、そこは本当に本音の場です。卒業生なんかもにそうですけど、中学校のときに、こんなことやっていてとっても嫌だったと、平気でいうわけですよ。そんなのが全部生かされていくっていう、これがある意味、民主的な学校運営で、コミスクの一つの理想形なのかなと思っています。

**林**　やっぱり「地域の担い手」、主体者づくりが大切だと思います。自分がやっていくという意識づくり。そのような地域をつくっていくために重要なのは、小西先生からもあったんですけど、目指す指標と評価される指標が共通であること、学校も地域も同じ指標をもつことが重要だと切に感じています。それがあまりにも今、地域にも、学校にも見えていないところがある。それらを可視化していくためにも、学校・地域にとって、カリキュラムが、改めて大きな役割を担ってきていると感じています。最後は、それぞれが、地域をつくっていき、まちを育てていくために、役割を自覚しているかどうか、役割が明確であるっていうことも大切だと思います。そのためには、校長にしっかりとコミスク経営の在り方を理解してもらうことが、教育委員会の大きな役割だと思っています。

**長友**　先程、「よりよい学校教育を通じて、よりよい社会を創る」と小西先生が言われましたように、そういうところをすごく考えています。ある中学校で、「自分の学校の魅力って何だろう。地域の魅力って何だろう」と話していたら、「うちの地域には魅力がない」という結論になったというんですね。他から見るとそんなことはないと思うんですよ。要するに住んでいる人には見えてない、気付かないものがあるんですよね。だから、子どもが地域を素材として探究学習を進めていき、地域の魅力や課題を見つけていく。そうした学習に大人も巻き込んでいくことで、うちの地域にはこんな魅力があるねというところを再確認してもらう学びができるといいなと思っています。そういう探究学習に取り組んだ中学校では、子どもたちがおもしろがって学びを進めていき、地域の人や市役所の人を招いて発表会をしています。こうした学習によって、大人たちが気付くことも多く、子どもたちに育つものも多いと確信しています。

先程も言いましたように、本市は、「コミスクが機能している。大体機能している」という校長へのアンケート結果が一〇〇パーセントだったところです。単なる地域連携、地域貢献に満足することなく、もっとコミスクを活用してほしいと思っています。「よりよい教育はよりよい地域をつくる」を実現するためには、やはり子どもたちが地域の学習を進めることが核になると思います。子どもたちが地域の「もの・こと・ひと」を語れるような地域の探究学習となるように、校長には熱量をもって取り組んでもらうよう発破をかけていきたいなと思います。

**藤本**　最近、学童保育が課題なんです。そこで、中学生が学童保育の職員と一緒に小学生とかかわるというのがいいなと思っています。私は学校課題というのは、やはり地域課題であって、それぞれが当事者意識をもっていることが重要であり、その中で、学校運営協議会の存在は大きくて、お互いが課題を共有して、目指す子ども像を地域としっかり把握するということが大事だと思っています。そして、熟議についても、子どもたちがどんどん参画しているというのが増えてきているので、今後としては、その熟議で話をして終わりではなくて、子どもたちがいろいろ案を出したことを具現化していこうとしていて、そこに予算を付けているところです。

また、山口市の学校運営協議会のメンバーに、世代交代というか、最近、大学生が入ってきた。県外に行った大学生も、山口市にいるときは気付かなかったけれど、県外に行って山口のよさや温かさを感じるようになってきたって言っていました。大学生がそれをなぜだろうと考えたら、自然の豊かさとかの温かみではなくて、地域の人が温かかったっていうんですよ。だから、子どもたちには地域の人の温もりのシャワーをどんどん浴びせることが大事になってくると思うんですよ。これから、学校運営協議会にぜひ入りたいという子をいっぱい育てたいと思っています。

**小西**　皆さんの話を聞いて、また勉強になりました。私は、学校運営協議会委員として三年間、三つの学校に関わってきたんですね。学校運営協議会で熟議をすぐ始めましたが、熟議をやって終わりだっていう。あのときの熟議はなんだったのっていうのが多くて、次に生かされていない。多くの学校でそうならないように、ぜひ、そのあたりの発信を県教委、市教委がやり続けて欲しいと思います。まちをつくっていくこのために大事なのは、子どもたちを巻き込んで地域愛をどれだけ育てるかということで、これは大人の責任だと思っているんですよ。学校の先生では無理です。地域の方が本気になって、子どもたちの地域愛を育てていくために何ができるかを考えていかなければならない。「地域愛をもて！　もて！　もて！」と言ったって、地域愛はもてるという話じゃないんですよね。そこで、学校運営協議会の熟議です。大人が学ぶことでもいい、支援することでもいい、何でもいい、楽しむことでもいい。楽しいことをやれば、大人も間違いなく、子どもも間違いなく飛び込んでくると思いますよ。そんなことを学校でとにかくやっていってほしい。

**中村**　まとめとして、皆さんの言葉をお借りします。
　大田教頭先生からは、「いい人はいい人を連れてくる」という話がありました。「人は人を浴びて

人になる」ということを小西先生がおっしゃいますが、やっぱりみんなが信頼できる大人のつながりを作っていくことが大事だということだと感じました。

吉岡校長先生は、「本音バトルがやっぱり民主的なんだ」と言われました。本音バトルからボトムアップをしていく。そして、決まったことは、トップダウンでやり抜くことも学校運営協議会の役割である。そういうことも教えてもらいました。

林課長は、やっぱり「それぞれが役割の自覚をしていかないとみんなが本気にはなれない」と言われました。そこを県教委として進めていくということがあったんで県のリーダーシップにも期待できると思いました。

長友教育長は、「よりよい学校教育を通じて、よりよい社会を創る」と言われました。これは重い言葉で、私たちは人口減少にさらされた薄氷の上にいるんだという危機感をもった上での地域づくりの必要性を自覚してまいりたいと感じました。

藤本教育長は、「学校課題は地域課題でもある」と言われました。「地域の中にある学校で、人づくりが地域づくりだ」ともおっしゃっていただいた。ここに予算化も必要だということがあったので、今後、県や市町が協力し行政と学校現場が一体化した取組にも大いに期待していきたいと思っています。

小西先生からは、「地域愛を育てるのは大人の責任だ」ということがありました。「人が入れ替わってもコミュニティ・スクールを衰退させてはならない」ということもありました。皆さんよくよく考えてみてください。「やまぐちコミュニティ・スクール」は人が変わってもビクともしない学校をつくるために始めたっていうことを。もう一度原点に立ち返る時だと思います。

最後に私からです。光市立浅江中を卒業した子が、大人になって、今、萩市で地域づくり・人づくりの仕事に携わっています。先日、お会いしたんですけど、その方が「一番大事なのは『つながり代（しろ）』です」と言っておられました。「つながり代の代」は「のり代の代」。この代っていうのは、本当に必要なところからはちょっと伸びきった余白とか余った部分だって言われるものです。その方が一度東京に就職した後で、なぜ山口県に戻ったかというと「つながり代」をもらったからだと。その「つながり代」っていうのは、小中学校だけではできずに、高校・大学に行って、その後、ひょんなことからもう一回出身校の浅江中学校の学校運営協議会とつながることによってできたそうです。あくまでも余白であるゆるい「つながり代」が決め手だというのが興味深い点です。

山口県を盛り上げようとする、そんな「地域の担い手」をどう育てていくかということが私たちの使命でもあると感じたところです。皆さん、貴重なご意見をいただき、今日は本当にありがとうございました。

## 【編集を終えて】

これから時代の学校はどこを目指して進むべきか、何をすべきか。参加者の熱い思いとともに、経験に裏付けされた意見が数多く交わされました。時間の経過を感じさせない座談会となりました。

座談会では、課題を解決に導く内容が数多く取り上げられます。「地域の指標となっている目指す子ども像」、「機能する学校評価の在り方」、「授業を開くことなしにはあり得ないコミスクの成長」、「管理職の熱き思い、覚悟あってのコミスク」、「学校課題は地域課題」、「地域愛を育てるのは大人の責任」、「よりよい学校教育を通じて、よりよい社会を創る」等……。こうしたキーワードをもとに、学校、家庭、地域と様々な立場の大人が、当事者意識をもって参画することが大切だということが力強く語られました。

この著書で取り上げるコミュニティ・スクールでは、たくさんの大人が、「地域の担い手」となる子どもたちに本気で関わっておられます。こうした学校では、子どもが、多くの信頼できる大人のうしろ姿を見て、学校を好きになり、安心して学び、遊び、そして、地域を愛する心を育んできたように思えるのです。

よりよい教育はよりよい地域をつくる。言い換えればよりよい地域にはよりよい学校があるということです。コミュニティ・スクールが追究していくべきは、人が変わってもビクともしない地域とともにある学校です。それは子どもを真ん中においたまちづくりの核となる学校だということを再認識することができました。

人が人を呼び、つながり、まちをつくっていく。こうした原点に、今一度立ち返り、コミュニティ・スクールの充実に努めていきたいと実感できる時間となりました。

（松岡　修司）

# 第五章 コミュニティ・スクールの成果と今後の展望

## ○コミスクで育ったKさん

素直な性格で、地域の方々からも愛されるKさんは、障害者就労支援施設に勤務する二〇歳の女性。買い物好きなのに、複雑な計算は苦手です。おやつでも文房具でも買った際には、迷わず一〇〇〇円札を店員に差し出してしまいます。ですから、家族の誰よりも重い財布を持ち歩くことになります。そんなKさんが、五〇〇円玉を貯めていることに、両親はさほど関心を示してはいなかったようなのですが…。

話はそこから二年前に遡ります。当時高三のKさんが、宝箱の端から順に、五〇〇円玉を丁寧に並べていく姿を見て、適切な支払い方に関する助言が必要かと思い始めた父親に、母親がある相談をしたのでした。

「近所のおじいさんからお小遣いをいただいているみたいよ」

それにしても、いくらKさんが人懐っこくて愛嬌があるといえども、人様からお金をいただくのはいかがなものか。そう思案し、父親は娘に問いただしたのです。すると、事の真相はこうでした。

登校時、毎朝縁側に腰かけ、ほっこりしているおじいさんに、Kさんは必ず笑顔であいさつをしていました。おじいさんは、Kさんが通る時間には指定の場所に腰かけて待ち、やがて二言三言会話も交わすようになります。そして、

「いつもあいさつをしてくれてうれしいよ。これで、お菓子でも買いなさい」と五〇〇円玉をくれるようになったとのこと。

父親は、せっかくいただいたお金を戻すのも失礼かと思い、静観するうち、時は経過します。

高校を卒業したKさんは、就労支援施設に勤務し始め、おじいさんと会う機会を失っていました。そんな暑い夏のある日のこと。父が目にしたのは、そうめんセットと拙い文字で書かれた手紙でした。どうやらKさんは、自分が働いて稼いだお金で、おじいさんにちょっとしたお返しをしようと考えたようです。Kさんは言います。

「仕事は、いや。でも、働いて喜んでもらうのは好き。もっとがんばりたい。」

これは、コミュニティ・スクールで育ったKさんの話です。Kさんの通った小中高のコミスクでは、校内に保護者や地域住民などの信頼できる大人も頻繁に出入りし、子どもたちと名前で呼び合う関係性もできていたそうです。一方で、校門の鉄扉を閉じ、不審者の侵入を遮ることで校内の安心安全を担保することも、学校としての責務です。こうしたジレンマに悩む中、ある学校運営協議会長さんが放った「子どもたちの安全を守るのは、壁ではなくて人だという考え方です」(『奇跡の学校』から引用)という言葉が思い起こされます。

話を戻しますが、障害のあるKさんが学校を核とした地域コミュニティの中で卒業後も安心して生活している様子が見られるのは、コミスクの大きな成果だと考えられます。また、Kさんの将来を心配する父親にとっても、Kさんがコミスクに通ったことが幸いだったと言います。なぜなら、小さい頃から気軽に大人とあいさつを交わし、簡単な世間話をする経験をしてきたKさんは、自分が地域の一員であることを自覚しているように感じられるからだそうです。

地域を守る壁は存在しなくとも、Kさんが地域のどこに居ても誰かが温かく声をかけ見守ってくれているという安心感は長い年月とともにつくられています。こうした個々の将来を見据えた地域社会の基礎固めの一翼をコミスクが担っている、ということを再認識しておくことは重要です。

さらに、山口県の小中学校管理職研修会に寄せられた学校長の意見から一部を紹介し、コミスク経営の成果を見ておきたいと思います。

・熟議や学校運営協議会のあり方について再考しました。成果を追いすぎると熟議が目的になるので、日ごろのままの自由に発言できる雰囲気を一番大事にします。熟議で運営に対する参画意識の醸成ができ、組織の共同経営者が増えました。

・地域、家庭、子ども、教職員を、協力者や応援団という視点で捉え直し、繋がりを強めています。学校だけでは越えられない課題や地域課題も話題に上がり、解決の糸口が見つかっています。

・やはり、学校を動かすのには、子どもをふくめ、すべての人の心を動かすことです。大事なことは伝え続ける、学校を動かす当事者として動くことを伝えていく。そのために、まず、関わるすべての個人を大切にする。このことが、子どもにも伝わっています。

社会の変化への対応がいつも遅いと揶揄されることのある学校ですが、研修に参加した多くの管理職は人口減少に対する危機感をもち、小さな成果を共有しながら変革へのスピードアップを決意しています。そして、学校運営協議会では、個人と組織の両方の成果に光を当てることや、学校課題と地域課題の両方を取り上げることなど、関係者の視野や守備範囲を広げるように心がけています。

本書においても、小さな変化を見逃さず、できるだけ丁寧に事例を追いかけながら取組を評価し価値付けるように心がけています。学校関係者だけでなく、保護者や地域住民の皆様方とも情報共有しながら、未来に向けた居場所や人づくりを志向する、学校を核とした「まちづくり」の契機となれば幸いです。

## ○地域が求める「まちづくり」

山口県に限らず様々な地方都市では人口減少、人口流出に歯止めをかけることが必要不可欠となっています。そうした中で、京都大学の広井良典教授は著書『人口減少のデザイン』※において、

「『個人—社会』、『私—公』、『市場—政府』といった二元論的枠組みでは、現在生じている種々の問題の解決はどこか根本的に不可能なのではないか」とした上で、「コミュニティという存在は、近代以前の伝統的社会—たとえば農村共同体—においては中心的な意味を担っていたので、以上のような近年の方向は、ある意味で『新しいコミュニティ』を再構築するような動きであるとも言えるだろう」と述べています。

では、この「新しいコミュニティ」をだれが、どうやって構築していけばよいのでしょうか。私たちは、「地域の担い手」育成の拠点であるべきコミュニティ・スクールこそが、これからの社会を存続可能なものとする「新しいコミュニティ」の核になり得ると考えています。そのために、学校が本来持っている学びの場であるという性質を存分に発揮できるよう、学びの対象を子どもだけに限定せず、保護者や地域の大人にまで門戸を開き、生涯学習の拠点とします。コミスクの取組は、「まちづくり」の可能性へと広がっていきます。

さて、コミスクの成果や可能性について述べてきましたが、「そうは言ってもね…」という声が届くことも多いのです。例えば、学校運営協議会が形骸化して、なかなか機能しないとか、地域からの個別の要望に振り回されて前に進めないでいるなど課題も大小さまざまで、何ら問題は無いという方が珍しいのかもしれません。

そこで、重要な役割を担うのが教育委員会による伴走支援です。山口県では、各市町の指導主

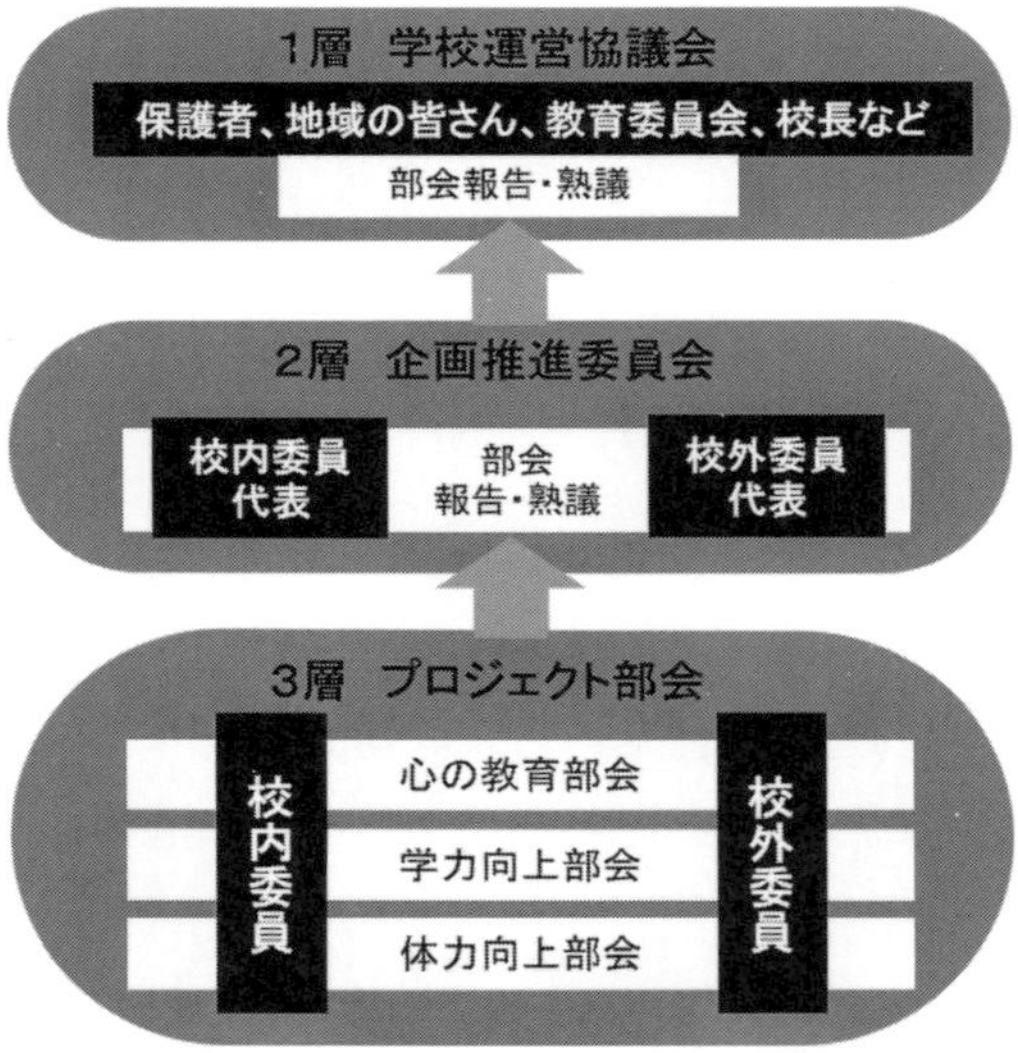


図　三層構造

事が一人五校程度を担当すれば県内の全公立小中学校を網羅できる「学校担当指導主事制」が敷かれています。指導主事による伴走支援の中でも、学校運営協議会を活性化させる手立ては、大きな割合を占めています。

では、どのように伴走支援すれば、管理職が「コミスクの成果が出ている」と胸を張れるようになるのでしょう。

具体的に、担当指導主事は、第三章の座談会でも取り上げられた「三層構造」（上図）の考え方について、次のように助言できると考えています。

まず、全教職員が所属する「プロジェクト部会」で校内外の意見を集約します。次に、その意見をたたき台に、「企画推進委員会」において代表者が実現可能な企画をまとめます。最後に、「学校運営協議会」に諮ります。大切なのは、段階を経ながら次第に企画が洗練されていくことです。中でも、プロジェクト部会で学校内外のいわゆる実務者が率直な思いを出し合い、ボトムアップ方式で最終決定に至っていくのがこの仕組みの本質です。それまで、担当者が企画・運営してきた活動が、学校全体の取組に広がり、やがては地域を巻き込んだ活動に発展していく可能性が十分にあります。さらに、活動を適宜振り返っては、改善案を出し合い次につながる内容にまとめて教育課程に位置付けていきます。こうした営みが「個に付くカリキュラム→学校に付くカリキュラム→地域に付くカリキュラムへ」という流れで共有され、属人的風土の改善につながることで、教育水準の維持向上が図られていきます。

また、あらゆる仕組みは、常に動き続けなければさび付いて停止しかねません。ここでも、継続的な伴走支援が必要です。取組の成果だけでなく、三層構造という仕組みの中で情報が血液のように巡っているかどうかを、指導主事や社会教育主事が適宜、確認や価値付けを行いながら、徹底を図ることでこの仕組みを機能させていくのです。

## ○若者と地域とのつながり方

人口減少に歯止めをかけるためには、人口流出の未然防止とともに、流入の拡大にも尽力しなければなりません。地方では、子どもたちが高い志をもち、県外や国外にて自分の幸せを掴もうとする生き方を求めることが多く見られます。この子どもたちに、故郷に戻って地元に貢献したいという気持ちを育み、それを具現化させるには、どうすればよいのでしょう。

ここでは、山口県の大学を卒業して東京に就職先を求め、数年を都会で過ごした後、山口県にUターンしたBさんの話を紹介します。現在彼は、山口県内でNPOを立ち上げ村興しに全身全霊を捧げています。そんな彼が、地域の未来について熱く語ってくれる言葉の中には、参考にすべき内容が詰まっています。例えば、山口県に戻ったきっかけです。

「卒業した中学校の学校運営協議会の方とのゆるいつながりが就職後も二年間くらいありました。その方は、地域のために何ができるか孤軍奮闘しておられるのですが、当然うまくいくこともあれば、そうでないことも多いのですよ。でも、悲壮感は全く無くて、肩の力も抜けて自然体です。そんなゆるい雰囲気だったから帰省の際には会って話をしてみようか…となりました。」

また、その際のメンバーについて話が及んだ際には、こうも語っています。

「集まるメンバーは結構変わっていきました。中学校の卒業生で他市の高校に通っている生徒さんが来たり、大学生が来ていたりすることもありました。SNSでの呼びかけに反応できる若い方たちは、地域の大人ともゆるくつながれるんですよ。中学校を卒業したら地元から離れることが多くなりがちですが、卒業後も情報交換し合える関係性を、いかに継続させるかが大事です」

こうした言葉は、伝統的な共同体とは趣の異なる新しい共同体としてのコミュニティにとって、重要な考え方につながるのではないでしょうか。つまり、隣近所の強固な連帯性に必ずしも囚われず、物理的な距離を保持し、心理的な負担を省いた「つかずはなれず」の関係性です。このことをBさんは、「ゆるい関係」という言葉を使いながら、説明してくれていました。特に高校生や大学生などは、地域の信頼できる大人とかかわりたいけれども、一方で、その地域特有の伝統的な行事やしきたりにどっぷりとつかるにはやや抵抗があるようです。ただし、祭りや運動会、盆踊り、清掃活動など地域あげての取組には参加して自分なりに貢献したいという気持ちもどこかにあると言います。こうした若年層のもつ思いをどのように受け止めていくかということが大切です。

そこで、地元から通学や通勤で距離的に離れてしまうことを余儀なくされた場合にも、地域行事などが行われる際には自らの意思や、仲間からの働きかけなどで、参加・参画できる状況を担保しておく。Bさんは、このことを「つながり代《しろ》」と表現します。「代《しろ》」とは、「余地や余白」のことを指すそうです。なるほど、Bさんの指摘の通りで、人と人とのかかわり方にも、強固さだけでなくむしろゆるやかな余りを残しておくことが大事で、そのことが継続性を保ち続けるために必要なのだと考えることもできそうです。常にアクセル全開であればよい、というものでもないと言えます。

## ○誰がリーダーになるのか

最後に、重要な問題として残るのが、人口減少問題に本気で切り込み「まちづくり」を行う際のリーダーは誰かという問題です。ここで、コミュニティという「私―公」とは異なる「共」という領域の必要性が再び立ち上がってきます。「個人―社会」、「私―公」、「市場―政府」といった対立的な構図ではなく、各世代が「つながり代」を持ちながらゆるくつながり、離れていくことはないといった関係性の保持を具体化できるリーダー。ここでも学校運営協議会が「つながり代」のある新しい共同体を構築するための役割を担うことができそうです。加えて、学校医運営協議会と行政とのつながりを欠かすことはできません。そこで、各地域の協議体のメンバーの中に、学校運営協議会委員が名を連ねることができれば、さらに一歩踏み込んだ展開が期待できるのではないかとも考えています。

人口減少という大きな課題に直面し、地域の消滅をも予測させる薄氷の上で共同生活している私たちです。ですから、学校・地域・家庭の境界線をできるだけ狭くしながら、それぞれの課題を共有します。

そして、できる人ができる時にできることをやりながら、世代を超えた人々の協力のもとで諸課題の解決を図るのです。そこを、校長をリーダーとした学校運営協議会が牽引します。高齢化に伴い、各団体が存続の危機を迎える中、学校運営協議会が三層構造等を活かしてリーダーシップを発揮し、課題解決に立ち向かうことで、コミスクを核とした「まちづくり」という新たな展望が開かれると信じています。

（中村　正則）

※参考・引用文献
広井良典（二〇一九）『人口減少社会のデザイン』東洋経済新報社

# おわりに

「私の大好きな一枚です。高校生になった子が、後輩の学びを支援するために、中学校へゲストティーチャーとして来てくれました。人を支えるすばらしさを知ったこの子は今、市内の学校で教員として活躍してくれているのですよ。」

前著『奇跡の学校』で萩市立萩東中学校の取組を紹介された池田廣司氏の言葉です。池田氏は、現在萩市教育長として、市の教育行政を牽引しておられます。池田教育長を令和六年七月実施の管理職自主研修会に講師としてお呼びした時のこと。「コミュニティ・スクールとしての学校経営」についての理念や方針等をご自身の言葉で丁寧に分かりやすく語ってくださいました。その一場面で、スクリーンに、ある一枚の写真が映し出されました。それは、高校生と中学生が今にも頭をぶつけてしまいそうなほど寄り添い合いながら、一緒になって深く考え込んでいると思しき場面でした。教育長は、とびきりの笑顔で写真に、この言葉を添えられたのです。

山口県では、コミスクで育った子どもが、コミスクに勤務するケースが散見されるようになりました。地域によっては人口減少が予測以上に加速しており、持続可能性にも黄信号が灯る状況下です。教員として次世代育成に力を注ぐ「地域の担い手」は、正に救世主として、地域住民からも歓迎されています。

コミスクで蒔かれた種が、着実に芽を出し、ぐんぐんと成長して実を結ぼうとしています。地元に根を張り、地域とともに育っている人々は、信頼できる大人や仲間とのかかわりの中で地域愛を育んできました。具体的には、学校で大人が本気になって学ぶ姿や、教室に花を生けに来てくれた地域の大人の姿を目の当たりにしたこと。また、放課後の教室で学習プリントに花丸を付けてもらったことや道徳の授業で、地域みんながあいさつを交わし合うことの意義について話し合った経験など。学校が、生涯学習の拠点として機能してきたことの成果だとも言えます。

かつては、荒れを繰り返し経験してきた萩東中学校は、コミスク導入に伴い県内屈指の落ち着いた学校となり、県内外から多くの視察者を受け入れるに至りました。ところが、コロナ禍で様々な教育活動の停止を余儀なくされると、学力不振や不登校などの諸課題も増えたと言います。そこで、「授業を開く」という原点に立ち返り、再スタートを切る覚悟で、教職員と保護者、地域住民らが知恵を出し合っています。校長は、その先頭に立ってリーダーシップを発揮しています。

これから先、「地域の担い手」としてコミスクで育った多くの子どもたちは、自分の生まれ育った地域のみならず国を支える人材としても大きく羽ばたいてくれることでしょう。そのために、生涯学習の拠点としてのコミスクの充実を私たちは志していきます。

コミスクは、全国的にも広がりを見せており、本書でも、長野県上田市立北小学校や兵庫県明石市立松が丘小学校など、山口県外の取組もご紹介できました。コミスクによる奇跡の学校づくりへの挑戦は、これからも続きます。

最後に、『奇跡の学校』の続編発行に際して温かいご支援を賜った風間書房の風間敬子様に衷心からお礼申し上げます。本当にありがとうございました。

中村　正則

令和六年七月

## 執筆者一覧

【編集者】

**小西哲也**（下関市立大学教授、CS マイスター）はじめに、第一章、座談、コラム
山口県教育庁教育次長、兵庫教育大学教職大学院教授等を経て、現職。

【編著者】

**中村正則**（山口県教育庁審議監）座談、第五章、コラム、おわりに
兵庫教育大学教職大学院教授、兵庫教育大学附属小学校長等を経て、現職。

＊　＊　＊

**大田　誠**（下関市立文洋中学校教頭）第三章、座談
山口県教育庁義務教育課指導主事、同主査等を経て、現職。

**北本　章**（明石市教育委員会学校教育課 CS コーディネーター）第三章
明石市立松が丘小学校長等を経て、現職。

**河内啓次**（柳井市立柳井小学校 校長）第三章
山口県教育庁義務教育課主査、周防大島町教育委員会学校教育課長、山口市立小郡南小学校長等を経て、現職。

**静屋　智**（山口大学大学院教育学研究科教授）第二章
山口県教育庁義務教育課教育調整監、岩国市教育委員会学校教育課長等を経て、現職。

**竹村和之**（山口県立大学将来構想推進局審議監、CS マイスター）第三章
山口県教育庁教育政策課主査、山口県立豊北・下関北高等学校長、山口県立萩高等学校長、山口県立岩国高等学校長等を経て、現職。

**長友義彦**（山陽小野田市教育委員会教育長）第三章、座談
山口大学教育学部教育実践センター教授、柳井市立柳東小学校長、山陽小野田市教育委員会学校教育課長等を経て、現職。

**伴美佐子**（長野県教育委員会 CS アドバイザー、上田市立北小学校地域連携コーディネーター）第三章
上田市教育委員会　統括コーディネーターを経て、現職。

**松岡修司**（山口県教育庁義務教育課教育調整監）座談
周南市立徳山小学校教頭、下松市立公集小学校長、山口県教育庁義務教育課主幹等を経て、現職。

**美作健悟**（山口県教育庁義務教育課教育調整監）第三章
山口県教育庁義務教育課指導主事、山口大学大学院教育学研究科准教授、防府市立桑山中学校長等を経て、現職。

**吉岡智昭**（柳井市立柳井中学校 校長）第三章、座談
柳井市教育委員会指導主事、周南市立富田中学校長、光市立浅江中学校長等を経て、現職。

続 奇跡の学校
―不可能を可能にしたコミュニティ・スクール―

二〇二五年三月一五日 初版第一刷発行

編著者 小西哲也
中村正則
発行者 風間敬子
発行所 株式会社 風間書房
〒101-0051 東京都千代田区神田神保町一―三四
電話 〇三―三二九一―五七二九
FAX 〇三―三二九一―五七五七
振替 〇〇一一〇―五―一八五三

装幀 松田静心
印刷・製本 藤原印刷

 NDC 分類：374
ISBN978-4-7599-2533-3 Printed in Japan